사회생활 생존키트

직장 생활의 모든 순간을 통과하는 비법

사회생활

생존키트

김중환 지음

왜 우리는 성과에 주목해야 하는가

사회생활을 하는 모든 사람에게 결코 가볍지 않은 질문을 던집니다. 우리는 왜 성과를 내야 할까? 그리고 성과를 '잘 낸다'는 건 어떤 의미일까?

'성과'는 영업, 마케팅, 생산, 기획 같은 특정 직무에만 해당되는 단어가 아닙니다. 사회생활을 시작한 지 1~2년 된 신입사원부터, 10년 이상 커리어를 쌓아온 중간관리자까지 조직 속 누구에게나 따라붙는 그림자이자 나아가야 할 방향입니다. 직무의 성격이 다르더라도 누구든 회사라는 무대에서 자신의 몫을 해내야 합니다. 달리 말하면 성과는 '잘 버티는 것' 이상의 의미를 가집니다. '잘 나아가는 법'을 익히는 여정이지요.

사회생활을 하다 보면 어느 순간 '이제 좀 익숙해졌네'라는 생각이 듭니다. 일도 손에 익고, 동료들과의 관계도 편해집니다. 하지만 바로 그때, 성장이 멈출 위험도 찾아옵니다. 내가 지금 하고 있는 방식이 정말 최선인지, 더 잘할 방법은 없는지 스스로에게 묻지 않게 되는 것이죠. 반면 사회생활에 막 적응한 신입이라 해도 스스로를 돌아보고 성과를 내는 요령을 일찍부터 익힌다면 누구보다 빠르게 성장의 고속도로에 진입할 수 있습니다.

이 책은 제가 지난 십수년 간 다양한 조직과 사람들 속에서 겪은 사례, 시행착오, 그리고 깨달음을 모은 이야기입니다. 특히 '성과'라는 주제를 중심에 놓고, 실전에서 바로 써먹을 수 있는 통찰과 태도를 담았습니다. 지금 회사 생활이 조금 지루해졌다고 느끼는 분, 아직 '성과'라는 단어가 멀게만 느껴지는 사회 초년생, 또는 후배를 지도해야 할 책임감을 느끼는 중간관리자에게, 이 책은 훌륭한 나침반이 되어줄 것입니다.

성과는 결과이지만, 동시에 과정에서 만들어지는 습관이기도 합니다. 성과 내는 사람은 이유가 있고, 못 내는 사람에게는 패턴이 있습니다. 이 책이 여러분이 '성과'를 더 잘 이해하고, 더 잘 낼 수 있는 힘을 기르는 데 도움 되기를 바랍니다.

성과는 누구의 몫이 아니라, 결국 나의 선택입니다. 그 선택의 기준을 이 책에서 하나씩 찾아보시기 바랍니다.

목차

성과를 만드는
생각과 실천

3

**스스로
깨닫는 시간**

4
나를 단단하게
만드는 생각들

5 사회생활, 이 정도는 알고 가자

1장

사람 사이에서

*

길을 찾다

잘 산다는 것에
대한 오해

국민학교 3학년 무렵, 한 반에 60명이 넘게 앉아있던 교실. 그 시절엔 겨울에도 실내화가 없어 맨발로 다니는 아이들이 많았고, 추위에 발가락을 꼼지락거리며 하루를 버텨야 했다. 누구에게나 어려웠던 시절이었다. 하지만 그런 와중에도 잘사는 친구는 꼭 한두 명씩 있었다.

방앗간집 아들, 한의사집 아들, 자전거포 아들들. 그 친구들은 늘 깔끔한 운동화에 캐릭터가 프린트된 가방, 그리고 당시엔 선망의 대상이었던 자석 필통을 갖고 다녔다. 비닐 축구공을 하나 들고 와선 "너는 차고, 너는 빠져" 하며 운동장 한가운데서 주도권을 쥐었고, 가진 것 없는 우리는 늘 가장자리로 밀려났다.

그때는 그 아이들이 정말 '잘사는 애들'인 줄 알았다. 가정형편 조사를 할 때 "집에 자동차 있는 사람?", "TV 있는 사람?"이라는 선생님의 질문에 당당하게 손을 들고 어깨를 으쓱하는 모습을 보면 괜히 내 고개는 더 숙여졌다. 부러웠고, '왜 우리 집엔 저런 게 없을까' 하는 마음에 스스로가 작게 느껴졌다.

하지만 사회생활을 오래 하다 보니, 그 시절의 '잘산다'는 개념이 얼마나 피상적인 것이었는지 비로소 깨닫게 되었다. 잘산다는 것은 단순히 '돈이 많다'는 뜻이 아니었다. 그때 내가 부러워했던 친구들 중에는 어른이 된 후 가족과 의절한 이도 있고, 형제 간에 유산 문제로 소송을 벌인 경우도 있다. 겉으로는 잘나 보였지만 속은 무너진 집도 많았다. 그들은 그냥 '돈이 많은 집'의 아들이었지, '잘 사는 집'의 아들은 아니었던 것이다.

반대로, 돈은 없지만 정말 잘 사는 사람들도 많다. 성철스님은 무소유로 살며 많은 이들의 존경을 받았고, 이태석 신부님은 아프리카 남수단의 가장 가난한 이웃들과 함께하며 생을 마쳤다. 엄홍길 대장은 산을 오르며 자신만의 길을 걸었다. 그들이 가진 물질은 많지 않았을지 몰라도, 그들의 삶을 보고 '못 산다'고 말할 사람은 아마 없을 것이다.

나는 '잘 산다'는 것이 무엇인지 고민했고, 결국 나만의 정의를 내렸다. '잘 산다는 것은 내가 살고 싶은 삶을 살고, 내가 원하는 것을 얻는 것이다.' 남이 정해준 기준이 아니라, 나만의 기준에서 만족스럽고 의미 있는 삶. 그게 진짜 잘 사는 삶이다.

2010년, 이태석 신부님의 이야기를 다룬 영화 〈울지마 톤즈〉를 보고 큰 울림을 받았다. 그는 남수단에서 의사로, 신부로, 선생님으로 헌신하며 온전히 타인을 위해 살았다. 그 후 '나는 어떤 삶을 살고 싶은가'를 곱씹던 중, 우연히 TV에서 에티오피아 한국전 참전 용사들을 돕는 사람들의 이야기를 접했다.

에티오피아는 아프리카 국가 중 유일하게 한국전쟁에 파병한 나라였다. 셀라시에 황제는 황실 근위대 3,518명을 파병했고, 그중 121명이 전사했다. 그들은 참전국 중에서도 탁월한 전투력을 보여주며 대한민국의 자유를 지켜냈다. 하지만 1975년 쿠데타로 정권이 바뀌고, 에티오피아가 친북 노선을 걷게 되면서 그 참전 용사들은 역적으로 낙인 찍혀 국가의 어떤 지원도 받지 못한 채 가난 속에 방치되었다.

우리나라의 독립유공자 후손들이 겪는 현실과 크게 다르지 않다. 그들의 자녀들은 제대로 된 교육의 기회조차 갖지 못한 채 척박한 환경 속에서 살아간다. 다행히 민간 차원에서 도움의 손길이 이어지고 있지만 아직 갈 길이 멀다.

그 이야기를 들은 후, 나는 단순히 감동받는 데 그치지 않고 직접 참여하고 싶다는 꿈을 갖게 되었다. 물질적 부를 얻는 것보다 의미 있는 삶을 사는 것이 진짜 '잘 사는 것'이라는 내 정의가 점점 뚜렷해졌기 때문이다. 지금도 나는 내가 '잘 살고 있는가'를 자문한다. 남들이 정한 기준에 맞추기보다는, 내가 정한 삶의 기준에 충실하고 있는지를 늘 점검하려고 한다.

이 글을 읽는 당신에게도 묻고 싶다.

당신은 지금, 잘 살고 있는가?
남이 보기에 좋은 삶이 아니라,
당신 스스로 떳떳하고 의미 있다고 느끼는 삶을 살고 있는가?

요약 정리   — ☐ ✕

- '잘 산다'는 말은 단지 돈이 많거나 남보다 더 좋은 것을 가지는 것을 의미하지 않는다.

- 진짜 '잘 사는 삶'은 스스로가 만족하는 삶, 자신이 진정 원하고 의미 있다고 느끼는 삶을 살아가는 것임을 깨닫게 된다.

- 결국 잘 산다는 건 남이 아닌 나의 기준으로, 비교가 아닌 신념으로, 소유가 아닌 선택으로 살아가는 것이다.

- 내가 원하는 삶의 방식대로 나만의 행복을 추구하며 살아가는 그 길이, 가장 '잘 사는 길'이다.

진짜 모습은
'아무도 안 볼 때' 드러난다

"가장 낮은 사람에게 대하는 태도가 그 사람의 진짜 인격이다." 어디선가 한 번쯤 들어본 말일 것이다. 그런데 이 말, 윤리 교과서에 나오는 교훈에서 그치지 않는다. 회사 생활을 하면서 사람들을 오래 지켜보면 이 말이 얼마나 진실인지 점점 절감하게 된다.

업무 성과, 실적, 말솜씨, 외향적인 매너… 이 모든 것이 아무리 좋아 보여도, 사람의 진짜 면모는 소위 '낮은 사람'을 대하는 모습에서 드러난다. 굳이 예를 들면, 계약직 사원이나 청소 아주머니, 식당 이모님, 막 입사한 신입사원에게 어떻게 말하는지 보면 그 사람이 어떤 사람인지 금세 드러난다.

어떤 사람은 상사에게는 공손하고 친절하지만, 자신보다 사회적 위치가 낮다고 판단되는 이들을 무시하거나, 불편한 내색을 숨기지 못한다. 직급이 낮거나 도움이 되지 않는 사람에겐 대충대충 말하거나 아예 투명인간 취급하는 이들도 있다. 겉으로는 점잖고 논리적이지만 회식 자리에서 술 한 잔만 들어가면 후배에게 험한 말을 던지거나, 평소 내재

사회생활 생존키트

된 갑질 성향이 드러나는 경우가 있다.

이럴 때 나는 이렇게 말하고 싶다. "술이 사람을 못된 놈으로 만드는 게 아니다. 원래 못된 놈을 술이 밝혀줄 뿐이다." 그러니까 본질은 술이 아니라 '그 사람'이다. 술은 단지 그동안 억누르고 있던 본성을 드러내는 촉매제일 뿐이다.

이와 같은 논리는 술자리만이 아니라 일하는 태도에서도 그대로 적용된다. "아무도 나를 보고 있지 않을 때 내가 하는 행동이, 바로 진짜 나의 경쟁력이다." 상사가 지켜보지 않을 때도 시간을 소중히 쓰고, 일의 품질을 위해 꼼꼼하게 체크하고, 남들이 손 안 대려는 궂은일도 마다하지 않는 사람. 바로 이런 사람이 '진짜 일 잘하는 사람'이다. 누구나 지켜보고 칭찬해줄 때만 열심히 하는 건 쉽다. 하지만 아무도 신경 안 쓰는 상황에서도 스스로 기준을 세우고, 그걸 지켜나가는 사람만이 결국 위로 올라간다.

이와 비슷한 맥락에서 자주 강조하고 싶은 말이 있다. "경기가 좋을 때 성과 내는 건 누구나 한다. 하지만 경기가 안 좋을 때도 성과를 내는 사람, 그 사람이 진짜 경쟁력 있는 사람이다." 시장 상황이 좋고, 예산이 넉넉하며, 모두가 바쁘게 돌아가는 시기에는 성과 내는 것이 상대적으로 쉽다. 매출 목표를 넘기고, 실적을 올리고, 성과급을 받는 사람도 많다. 그러나 진짜 실력은 불경기일 때 드러난다. 아무도 답을 모를 때, 모두가 위축되어 있을 때, 그 와중에도 무언가를 찾아내고 해내는 사람. 조직은 이런 사람을 기억하고, 언젠가는 반드시 보상한다.

성과라는 건 무조건 숫자만의 문제가 아니다. 어려운 상황에서도 책임을 회피하지 않고, 끝까지 끈질기게 물고 늘어지는 사람. 그런 사람이 결국 살아남는다. 단기적인 스포트라이트는 누구에게나 올 수 있지만, 진짜 경쟁력은 위기의 순간에 드러난다.

회사를 오래 다니다 보면 이런 질문을 하게 된다. "나는 과연, 아무도 나를 관리하지 않을 때 어떤 사람인가?", "내가 힘이 없거나 도움이 되지 않는 사람에게 어떻게 대하고 있는가?" 이 질문에 떳떳이 대답할 수 있다면, 당신은 이미 반은 성공한 사람이다. 나머지 절반은 어떤 상황에서도 '결과'를 내는 실력이다. 실력과 인격, 이 두 가지를 모두 갖춘 사람은 결코 무너지지 않는다. 그리고 누구나 그런 사람이 될 수 있다.

문제는 당신이 지금 어떤 선택을 하고 있느냐다. 결국, 진짜 경쟁력은 당신이 '혼자 있을 때', 그리고 '상황이 어려울 때' 증명된다. 남이 보는 자리에서가 아니라, 아무도 보지 않을 때 말이다.

요약 정리   — □ ✕

- 진짜 인격은 가장 낮은 사람한테 대하는 모습에서 드러난다. 직급이나 사회적 위치에 상관없이 누구에게나 예의와 존중을 갖추는 태도가 중요하다.

- 술은 본성을 드러낼 뿐이다. 평소 억눌렸던 진짜 모습이 무심결에 튀어나오는 순간을 경계하라.

- 아무도 지켜보지 않을 때의 태도가 진짜 경쟁력이다. 감시 없이도 스스로 기준을 지키는 습관이 실력과 신뢰를 만든다.

- 경기가 좋을 때보다 어려울 때 성과를 내는 사람이 진짜다. 위기의 순간이야말로 실력과 태도가 시험받는 진짜 무대다.

- 결국 나를 증명하는 순간은 '혼자일 때'와 '힘들 때'다. 그때 드러나는 행동이, 나라는 사람의 본질이자 경쟁력이다.

완벽한 리더는 없다
– 거리 두기의 지혜

직장생활을 하다 보면 누구나 롤모델을 찾게 된다. 나보다 경력이 많고, 말과 행동이 일치하며, 늘 침착하게 판단하는 상사나 선배를 보며 '저런 사람이 되고 싶다'는 마음이 들 때가 있다. 그런 사람에게 인생 조언을 듣고 위로를 받으며 '멘토'로서 존경하기도 한다. 하지만 이럴 때일수록 꼭 기억해야 할 사실이 있다. 그 누구도 완벽한 존재는 아니라는 점이다.

우리는 흔히 리더나 멘토를 '흠 없는 사람'으로 이상화하는 경향이 있다. 일도 잘하고 인격도 훌륭하고, 실수도 하지 않을 것이라는 착각. 그러나 현실은 다르다. 그들도 한 명의 '사람'일 뿐이다. 우리와 똑같이 피곤해하고, 유혹에 흔들리며, 때로는 실수를 하고, 사소한 일탈을 저지를 수도 있다. 법으로 따지자면 무단횡단이나 주차위반 같은 소소한 위반쯤은 누구나 한 번쯤은 해봤을 수 있다. 물론 그렇다고 해서 그들이 잘못되었거나 실격이라는 뜻은 아니다. 오히려 중요한 건, 그 사람이 나에게 어떤 긍정적인 영향을 주었는가이다.

내게 따뜻한 위로가 되었던 상사의 말 한 마디, 어려운 시기에 도움을 줬던 선배의 손길, 일의 방향성을 제시해 준 리더의 조언. 그것만으로도 그 사람은 내게 충분히 고마운 존재다. 굳이 그 사람의 과거를 샅샅이 들여다보며 완전무결함을 요구할 필요는 없다. 배울 점만 취하고, 일정한 거리를 유지하면서 관계를 바라보는 지혜가 필요하다.

내 경험을 돌이켜보면 오히려 너무 가까이 다가갔을 때 실망이 커졌던 경우가 많았다. 마음속으로 이상화했던 사람이 알고 보니 생각보다 이기적인 면이 있거나, 말과 행동이 다른 순간을 보게 되면 충격이 크다. 그렇게 되면 존경심이 실망으로 바뀌고, 관계 자체가 어색해지며 결국 멀어지는 경우도 있다. 인간관계에서 '적당한 거리두기'가 필요한 이유다.

어릴 적 기억이 하나 있다. 초등학교 1학년 때 참 예쁘다고 느꼈던 선생님이 있었다. 늘 단정하고 다정하던 그 선생님을 정말 좋아했다. 그런데 어느 날, 학교 화장실에서 그 선생님이 나오시는 장면을 우연히 보게 됐다. 그 순간 어린 마음에 '어? 선생님도 화장실을 가는구나' 하는 이상한 충격이 밀려왔다. 말하자면 존경과 환상이 깨지는 순간이었다. 그저 인간적인 장면이었을 뿐인데, 환상이 깨진 나머지 며칠간 선생님을 어색하게 대했던 기억이 있다.

직장에서도 마찬가지다. 존경하는 선배나 리더도 결국은 나처럼 부족한 점을 가진 인간이다. 그들을 너무 이상화하면 오히려 그 관계가 부담스러워지고, 언젠가 마주할 실망이 더 커질 수 있다. 그 사람의 모든 것을 닮으려 애쓰는 것이 아니라, 나에게 유익한 부분만 잘 받아들이고, 나머지는 그대로 흘려보낼 줄 아는 관점이 필요하다.

리더나 멘토에게 기대해야 할 것은 '완벽함'이 아니라, '내게 도움이 되는 방식의 영향력'이다. 나와는 다른 길을 먼저 걸어간 사람으로서 그들이 해주는 조언이 지금의 나에게 실질적으로 도움이 되고, 내 사고의 폭을 넓혀준다면 그걸로 충분하다.

지나친 이상화는 실망으로 끝날 가능성이 크다. 존경과 거리두기 사이에서 균형을 잡는 지혜가 결국은 관계를 더 오래 유지하게 만든다. 우리가 진짜 배워야 할 것은 그 사람의 화려한 스펙이 아니라, 그들이 어떤 선택을 하고, 어떤 말과 행동으로 주위 사람들에게 영향을 주었는가다.

직장생활을 하다 보면 수많은 사람과 관계를 맺는다. 그 안에서 존경할 사람, 멘토가 될 사람을 만날 수도 있고, 반면에 경계해야 할 사람도 있다. 모든 사람을 완벽하게 이해하려 하지 말자. 사람을 판단할 때는 이상이 아닌 현실을 기준으로 바라보는 것이 성숙한 사회인으로 가는 첫걸음이다.

- 리더나 멘토도 인간이다. 완벽함을 기대하기보다는, 배울 점만 취하는 게 현명하다.

- 인간관계는 이상보다 현실을 기준으로 유지해야 오래 간다.

- 멘토에게 바라야 할 점은 '모든 점에서의 완벽함'이 아니라, '당신에게 실질적으로 도움이 되는 영향력'이다.

- 환상이 아닌 현실에서 관계를 바라보는 것이 성숙한 사회인의 자세다.

좋은 부하 직원,
좋은 상사

직장생활에서 '좋은 부하 직원'이란 어떤 사람일까? 단순히 상사의 말에 순종적이고 눈치 빠른 사람일까? 아니면 실무를 척척 해내는 유능한 일꾼일까?

좋은 부하 직원은 상사의 입장에서 볼 때 '함께 일하고 싶은 사람'이다. 상사가 지시한 업무를 정확하게, 기대 이상으로 처리하고 지시하지 않은 일도 흐름을 읽어 먼저 챙길 줄 안다면 당연히 눈에 띌 수밖에 없다. 그런 직원은 실력으로 인정받고, 신뢰와 애정을 동시에 얻게 된다.

하지만 실력만으로 좋은 부하 직원이 되는 것은 아니다. 중요한 것은 조직의 질서를 존중하는 자세다. 상사와 아무리 친분이 깊어도 업무에서는 명확한 경계가 필요하다. 이 경계가 흐려지면 감정이 개입되고, 결국엔 서로에 대한 실망과 피로가 쌓인다. '업무는 업무답게'라는 인식이 관계를 오래가게 하고, 팀워크의 질서를 만든다.

상사는 부하 직원의 충성심을 원한다. 하지만 그 충성심이 밥 한 번, 술 한 잔으로 생기지는 않는다. 진짜 충성은 위기 순간에 상사가 보여주는 배려와 지원에서 비롯된다. 예를 들어 연봉 책정, 인사 이동, 위기 상황에서의 보호 등 '스페셜한 챙김'이 있을 때 직원은 상사를 단순한 상사가 아닌 '믿고 따를 대상'으로 인식하게 된다. 이것이 충성심의 본질이다.

아울러 직원 스스로 조직에 애정을 갖고 자발적으로 움직이게 만드는 것도 중요하다. 사람에게 충성하는 건 한계가 있다. 결국엔 '조직에 충성하는 문화'를 만들어야 한다. 유니폼, 배지, 사내 캠페인, 칭찬문화 등 사소하지만 '우리'라는 소속감을 느끼게 해주는 장치는 정서적인 동기 부여로 이어진다.

상사의 사소한 칭찬 한마디는 직원의 큰 동력이 된다. 소방관이 시민의 "고맙습니다" 한마디에 버티는 것처럼, 부하 직원도 상사의 격려에 놀라울 정도로 힘을 낸다. 중요한 것은 타이밍과 진정성이다. 결과보다 '노력과 과정'을 인정해줄 때, 직원은 실수도 다시 도전의 발판으로 삼는다.

하지만 이쯤에서 되묻고 싶다. 과연 좋은 부하 직원이 되는 게 어려울까, 좋은 상사가 되는 게 더 어려울까? 정답은 후자다. 좋은 상사가 되는 게 훨씬 더 어렵다. 부하 직원은 상사의 평가를 통해 본인의 수준을 어느 정도 가늠할 수 있다. 하지만 상사는 그렇지 않다. 본인이 좋은 상사인지, 꼰대 상사인지 스스로는 알 수 없다. 직원들은 상사에게 직접적으로 피드백하지 않기 때문이다. 상사는 외롭고, 쉽게 우쭐해지며, 때론 조언이라는 이름으로 지적하고 훈계하면서 본인의 무지를 드러내기도 한다.

자기 자랑만 늘어놓고 후배 의견은 무시한 채 "라떼는 말이야…"로 대화를 시작하는 순간, 상사는 이미 리더십을 잃는다. 좋은 상사는 먼저 듣고, 공감하며, 인정과 부정을 동시에 할 줄 아는 사람이다. 그러기 위해선 감정의 여유, 사고의 균형, 그리고 인간에 대한 기본적인 존중이 필요하다.

리더는 빠르게 성과를 내야 할 때는 몰아붙이고, 멀리 큰 성과를 내야 할 때는 기다릴 줄 알아야 한다. 다그침과 배려, 통제와 자율을 균형 있게 조율할 줄 아는 상사야말로 좋은 조직을 만드는 진짜 원동력이다.

결국 조직은 사람으로 굴러가고, 사람은 관계로 움직인다. 좋은 부하 직원이 되고 싶다면 '신뢰'를 먼저 만들어라. 좋은 상사가 되고 싶다면 '존중'을 먼저 실천하라. 조직은 그 사이에서 자라고 성과를 낸다.

요약 정리   — ⬜ ✕

- 좋은 부하 직원은 실력뿐만 아니라 조직의 질서를 존중하고, 자발적으로 움직이며, 상사의 신뢰를 얻는 사람이다.
- 충성심은 단순한 호의로 생기지 않고, 위기 때 '스페셜하게 챙겨주는 경험'에서 비롯된다.
- 조직 문화를 통해 사람보다 조직에 애정을 느끼게 해야 진짜 동기 부여가 생긴다.
- 좋은 상사는 쉽게 자각하기 어렵다. 듣고 공감하고, 인정과 부정을 균형 있게 할 줄 아는 사람이 진짜 리더다.
- 단기 성과를 위해선 몰아붙이되, 장기 성과를 위해선 기다릴 줄 알아야 한다.
- 결국 신뢰받는 부하, 존중받는 상사, 이 둘이 만나야 건강한 조직이 된다.

관리의 목적은
'방향 제시'다

첫 직장에 입사했을 때의 일이다. 건축자재를 생산·유통하는 기업의 영업사원으로 일하게 되었고, 주요 거래처는 각 지역의 지물포들이었다. 내 역할은 간단했다. 더 많이 발로 뛰며 지물포를 방문하고, 제품을 설명하고, 관계를 만들고, 거래를 유도하는 일이었다. 말 그대로 성과는 '현장'에서 만들어져야 했다.

하지만 우리의 일상은 의외의 방식으로 통제받았다. 매일 아침, '일일 업무보고서'를 제출해야 했다. 전날 몇 시에 어디를 갔고, 누구를 만났으며, 어떤 이야기를 나눴는지 상세하게 적어야 했고, 반드시 명함 세 장이상을 첨부해야 했다. 기준은 단순했다. "하루에 세 군데는 들러야지."

처음엔 당연하다는 듯이 따랐다. A지물포, B지물포, C지물포… 명함도 잘 챙겼다. 그런데 일이 이상하게 흘러갔다. 다섯 군데를 들러 명함이 다섯 장 생기면, 그 중 세 장만 제출하고 나머지 두 장은 책상 서랍에 따로 보관하게 됐다. '내일 쓸 여분'으로 말이다. 외근 일정이 빠듯한 날을 대비해 명함을 모아두는 것이다. 급기야 영업사원들끼리 내기 당구를 치며 '명함 따먹기'까지 하게 됐다. 명함 한 장이 성실함의 증거가 되어버린 것이다.

지금 생각해 보면 참 어처구니없는 일이었다. 지물포 사장님을 제대로 설득했는지, 경쟁사 제품과의 비교에서 어떤 장단점이 있었는지, 고객 반응이 어땠는지는 전혀 중요하지 않았다. 단지 '몇 군데를 들렀는가', '명함이 몇 장인가'가 핵심 평가 기준이었다. 그러니 현장에서는 제품을 설명하기보다 명함을 달라고 눈치 보는 게 일상이었다.

이쯤 되면 묻게 된다. 이런 상황에서 잔머리를 굴리는 영업사원이 문제인가, 아니면 그렇게 관리하는 부장님이 문제인가.

물론 관리자의 입장도 이해는 간다. 외근 직원들이 실제로 일하는지 확인하고 싶었을 것이다. 현장에 대한 통제가 어렵다 보니, 눈에 보이는 지표라도 붙들고 싶은 마음이었을 것이다. 하지만 그렇게 숫자만 쫓다 보면, 결국 본질을 놓치게 된다.

관리의 목적은 감시가 아니라 방향 제시다. '얼마나 많이 돌았는가'보다 더 중요한 건 '왜 돌았는가', '무엇을 남겼는가'이다. 성과란 단순히 숫자에 집착한다고 생겨나는 게 아니다. 고객과의 신뢰를 쌓고, 니즈를 파악해 제안서를 고도화하고, 관계의 축적 속에서 기회를 만들어가는 과정 속에서 비로소 만들어지는 것이다.

한 건의 계약이 나오기까지 수십 번의 방문이 필요하다면, 명함 한 장으로 이를 설명할 수 없다. 단 하루에 한 곳만 방문했더라도 고객의 진짜 문제를 끄집어내는 상담을 했다면, 그것이야말로 훌륭한 성과다.

관리자는 조직 전체가 성과를 향해 '어디로' 가고 있는지를 점검해야 한다. 행동의 양보다 방향의 정확도가 훨씬 중요하다. 부하 직원들이 명함만 내밀기보다 의미 있는 보고하며 더 나아가 개선 방향을 스스로 말하게 만드는 구조. 그것이 진짜 관리다.

만약 당신이 관리자라면, 혹은 언젠가 관리자가 된다면 꼭 자문해보자. "나는 지금 사람을 관리하는가? 아니면 종이와 숫자를 관리하는가?" 성과는 그날 몇 곳을 돌았느냐가 아니라, 무엇을 남겼는가로 측정돼야 한다. 숫자 뒤에 숨은 행동의 질과 의도를 보지 못하면, 결국 성과는 허상에 불과하다. 직원들의 행동이 꼼수로 흐른다면 그것은 그들이 게으르기 때문이 아니라 관리 시스템이 본질을 보지 못하고 있다는 신호일지도 모른다.

관리의 진짜 목적은 '통제'가 아니라 '방향을 같이 보는 것'이다. 그 방향을 직원과 함께 바라보는 순간, 성과는 자연스럽게 따라온다.

요약 정리   — □ ✕

- 성과를 위한 관리의 핵심은 '숫자'보다 '방향'이다.
- 관리자는 '얼마나'가 아니라 '왜'와 '무엇을 위해'라는 질문을 던져야 한다.
- 직원의 꼼수는 개인의 문제가 아닌, 관리 방식의 문제일 수 있다.
- 좋은 관리는 감시가 아니라, 직원과 함께 성과의 방향을 점검하는 과정이다.
- 성과는 종이 위에 쓰인 숫자가 아니라, 고객과의 신뢰와 설득의 축적에서 나온다.

존중받으려면
먼저 존중하라

직장생활에 '존중'이란 단어는 의외로 자주 등장하지 않는다. 사람들은 '성과', '능력', '성과급' 같은 단어엔 민감하지만, 정작 조직을 부드럽게 이끄는 본질적 동력인 '존중'은 간과하곤 한다. 하지만 조직 생활에서 존중은 단순한 예의의 차원을 넘는다. 그것은 관계를 이끄는 기본적인 태도이자, 구성원 스스로의 자존감을 지키는 핵심 원리다.

'다른 사람에게 존중을 받으려면 내가 먼저 존중을 보여야 한다'는 말은 익숙하지만, 실제로 이를 실천하는 사람은 드물다. 직급이 높을수록, 나이가 많을수록, 혹은 내가 무언가 더 안다고 느낄수록 사람은 자기도 모르게 우위에 있는 것처럼 행동하게 된다.

사례1: "야, 너 말이야…"

최모 부장이 있었다. 평소엔 유능하다고 평가받지만, 직원들을 대하는 태도에 있어선 늘 문제였다. 회의 중에도 "야, 철수야"라고 부르며, 사람들이 지켜보는 자리에서 직원에게 다짜고짜 "이건 왜 이따위로 했어?"라고 질책하곤 했다. 처음엔 직원들이 긴장하며 따랐지만, 점차 그 부장을 피하기 시작했다. 회의엔 꼭 필요한 말만 하고, 보고도 최소한으로만 했다. 결국 그 부장은 직원들에게 존중받지 못했고, 조직 내 영향력도 점점 줄어들었다.

이 상황을 본 다른 임원은 조용히 말했다. "존중은 권한이 아니라 태도에서 나옵니다. 높은 자리에 있다고 저절로 따르는 게 아니라는 거죠."

사례2: "인사는 누가 먼저 해야 하나요?"

나도 직장생활을 하면서 이런 생각을 했던 적이 있다. 부하 직원이 먼저 인사해야 하는 것 아닐까? 어느 날 나보다 한참 어린 후배가 지나가며 인사를 안 하자, 처음엔 무시당한 기분이 들었다. 하지만 곰곰이 생각해보니, 내가 먼저 밝게 인사를 건넸다면 분위기가 달라졌을지도 모른다는 생각이 들었다. 그때부터 내 부하 직원이라도 먼저 인사했다. 먼저 눈이 마주치면 미소를 지으며 고개를 숙였다. 그랬더니 놀랍게도, 부하 직원들은 그다음부터 더 밝고 공손하게 먼저 인사해왔다.

이런 사소한 제스처가 조직 문화를 바꾸는 첫걸음이다. 인사는 단순한 의례가 아니다. '나는 당신을 사람으로서 존중합니다'라는 메시지를 비언어적으로 전하는 행위다. 그런데 대충 건성으로 하거나 눈도 안 마주치고 인사하면 오히려 불쾌함을 줄 수 있다. 인사에도 상대를 존중하는 태도를 담아야 한다.

존중의 힘은 눈에 보이지 않는다. 존중은 보이지 않는 감정이지만 그 효과는 분명히 드러난다. 존중받은 사람은 자발적으로 움직이고, 더 큰 책임감을 느낀다. 반대로 존중받지 못한 사람은 일을 대충 하고, 충성도도 떨어지게 된다. 조직의 생산성은 결국 이런 '보이지 않는 분위기'에서 좌우된다.

또한 존중은 상하관계에만 국한된 것이 아니다. 동료 간에도, 후배 간에도 적용된다. 내 기분이나 위치에 따라 존중의 태도가 달라진다면 결국 그 존중은 오래가지 못한다.

어떤 이는 말한다. "나는 존중받을 자격이 있는데 왜 안 해주지?" 그러나 진정 존중받는 사람은 먼저 베풀 줄 아는 사람이다. 존중은 요구한다고 생기는 게 아니라, 보여줄 때 자연스럽게 돌아오는 것이다.

요약 정리   — ロ ✕

- 존중은 관계의 시작이다. 받기 위해선 먼저 주어야 한다.
- 직급이 높다고 존중을 강요하지 말고, 먼저 존중을 보여라.
- 인사는 단순한 예의가 아니라 관계의 온도. 성의 있는 인사는 존중의 표현이다.
- 존중은 눈에 보이지 않지만 성과와 분위기를 좌우하는 핵심 동력이다.

처세술이란
무엇인가

"그 사람, 일은 잘하는데 이상하게 주변에 사람이 없어."

이런 말을 들어본 적이 있을 것이다. 반대로 '업무 능력은 평범하지만 같이 일하고 싶어지는 사람'도 있다. 이 차이를 만드는 건 바로 처세술이다. 단순히 사람을 잘 구슬리는 기술이 아니라, 직장에서의 생존과 성과에 직결되는 아주 중요한 능력이다.

내가 생각하는 처세술의 정의는 이렇다. 나에게 한 표를 줄 수 있는 사람과 원만한 관계를 유지하는 것, 마이너스 한 표를 줄 수 있는 사람과도 원만한 관계를 유지하는 것. 누군가는 나의 평가자일 수 있고, 누군가는 나를 끌어줄 조력자일 수 있다. 중요한 건, 어느 쪽과도 관계를 망치지 않는 것이다.

직장에서의 처세술, 왜 중요한가?

사회생활은 실력만으로 평가받지 않는다. 실력에 더해 신뢰, 호감, 네

트워크 같은 요소들이 성과와 기회를 결정한다. 실제로 많은 승진 사례를 보면 실력은 기본이고, 결정적 순간에 누가 믿고 추천해주었는가가 좌우하는 경우가 많다.

실제 내가 겪은 사례 하나를 살펴보자. 과거 어느 중견기업의 인사평가 회의에서 한 팀장의 승진 여부를 두고 의견이 갈렸다. 실적은 좋았지만 팀원과의 불화, 타부서와의 충돌로 부정적 피드백이 많았다. 결국 결론은 '올려도 문제 생길 가능성이 크다'는 이유로 탈락이었다. 반면, 비슷한 실적을 낸 다른 팀장은 윗사람뿐 아니라 팀원들, 타부서 팀장에게도 좋은 평판이 있어 무난하게 승진했다. 이런 걸 보면, 사람들과의 관계가 얼마나 중요한지 실감하게 된다. 그것이 단순히 인간적인 친밀감이든, 일에 있어서의 신뢰든 간에.

처세술이란 곧 '감정 관리'와 '관계 설계'

처세술은 타고나는 것이 아니라 배우고 익히는 것이다. 그리고 그 핵심은 두 가지다.

1. **감정관리:** 감정이 상했더라도 즉각적으로 표출하지 않는 것이 기본이다. 특히 직장에서는 감정을 오래, 깊게 끌어안지 말아야 한다. 한 번 감정적으로 대했다가 좋은 기회를 놓치거나, 불필요한 낙인이 찍히는 경우가 허다하다. '성격이 까다롭다', '자기중심적이다', '쉽게 흥분한다'는 인식은 한번 생기면 회복하기 어렵다.

2. **관계설계:** 나에게 도움을 줄 수 있는 사람, 또는 나에게 불이익을 줄 수 있는 사람을 명확히 구분하고, 각각의 관계를 전략적으로 접근해야 한다. 예를 들어, 나와 코드가 안 맞는 상사가 있다면 '감정적으로' 멀어지는 것이 아니라, '전략적으로' 다가서야 한다. 점심 한 끼 같이 하며 소통을 시도해보는 것도 방법이고, 직접적인 칭찬이나 도움을 요청하며 기회를 엿보는 것도 방법이다. 처세는 정면 승부가 아니라 측면 유연성이다.

관계에도 우선순위가 있다

모든 사람에게 잘 보이려다 결국 아무에게도 신뢰받지 못하는 경우가 있다. 그래서 처세술은 전략적 선택이다. 너무 적나라한 표현이긴한데, 누구와 가까워질 것인지, 누구와는 일정 거리를 둘 것인지, 무엇을 양보할 것인지, 무엇은 지켜야 할 것인지를 가늠해놓는 게 좋다. 이런 선택이 모여 결국 '당신이라는 브랜드'가 직장에서 어떻게 기억될지를 결정한다.

처세는 '타인이 나를 보는 위치를 인식하는 감각'에서 시작된다. 직장생활은 어쩌면 함께 잘 지내는 법을 익히는 시간일지 모른다. 뛰어난 사람보다 괜찮은 사람, 독보적인 사람보다 신뢰받는 사람이 결국 더 많은 기회를 얻는다. 오늘 하루, 당신의 인간관계에도 전략이 있는지 돌아볼 시점이다.

요약 정리   — □ ✕

- 처세술은 생존의 기술이자 기회의 기술이다.

- '좋은 관계'란 나에게 플러스 한 표를 줄 사람만이 아니라, 마이너스를 줄 수 있는 사람과도 원만한 관계를 유지하는 것이다.

- 실력만큼 중요한 건 평판과 감정관리이다.

- 모든 사람에게 잘 보이기보다, 관계의 우선순위를 정하고 관리하라.

커뮤니케이션의 오류
– 말은 했지만, 전달은 되지 않았다

　직장에서의 크고 작은 갈등의 대부분은 사실 의도가 어땠는지와 관계없이 '이해의 차이'에서 시작된다. 우리는 분명히 제대로 말했다고 생각하지만 상대는 다르게 이해하고 움직인다. 이런 '커뮤니케이션 오류'는 단순한 오해에서 시작해 결국 업무 차질, 고객 불만, 팀 내 신뢰 하락으로까지 이어질 수 있다.

사례 1: 비가 오면 회사로, 안 오면 현장으로?

　전 회사에서 겪었던 실제 일이다. 다음 날 아침, 직원 두 명을 현장에 직출시키기로 하고 이렇게 말했다. "내일 아침에 비가 오면 회사로 나오고, 비가 안 오면 현장에서 보자(이때는 핸드폰이 없던 시절)."

　그런데 다음 날, 한 명은 회사로, 한 명은 현장으로 출근했다. 이유는 단순했다. '비가 오느냐 안 오느냐'에 대한 해석이 달랐던 것이다. 비는 방울방울 아주 약하게 내리고 있었다. 한 명은 '비가 오니까 회사로 가야지'라고 판단했고, 다른 한 명은 '이 정도면 안 오는 거지'라고 해석한 것이다. 문장은 분명했지만, 그 안에는 주관적 판단이 개입될 여지가 있었다. 이처럼 '객관적 사실'이 아닌 '기준이 없는 지시'는 항상 해석의 차이를 낳는다.

사례 2: "믹스커피에 물 많이."

말은 짧았고 내 의도는 단순했다. 믹스커피를 연하게 타달라, 즉 평소보다 물을 많이 넣어 달라는 의미였다. 그런데 직원은 믹스커피 한 잔을 정량대로 타고, 옆에 물이 가득 담긴 큰 컵을 하나 더 들고 왔다. 말 그대로 '믹스커피도 주고, 물도 많이' 가져온 것이다.

이 상황에서 직원은 지시를 잘못 수행한 것이 아니라, 지시에 맞게 행동한 것이다. 문제는 지시 자체가 애매했다는 점이다. "믹스커피에 물 많이"라는 표현은 문법적으로도 어색하고 의미도 여러 방향으로 해석 가능하다. 이처럼 말은 짧지만, 해석은 길어지는 경우, 커뮤니케이션 오류는 불가피하다. 우리가 자주 범하는 실수 중 하나다.

'알아서 하겠지'가 가장 위험하다

직장에서는 '이 정도 말했으면 이해하겠지', '알아서 잘 처리하겠지'라는 기대가 자주 실수로 이어진다. 특히 팀장급 이상이 되면 자신의 말이 명확히 전달되었다고 착각하기 쉽다. 그러나 정작 직원 입장에서는 그 말이 추상적이거나 해석의 여지가 많은 경우가 많다. '커뮤니케이션 오류'는 말하는 사람의 책임이다. 왜냐하면, 전달이 되지 않았다면 말한

게 아니라 말만 한 것이다.

커뮤니케이션 실수를 줄이는 4가지 방법

1. **기준을 명확히 말하라:** "비가 오면"이 아니라 "아침 7시 기준 기상청 예보에 따라 비 소식이 있으면"처럼 기준을 구체화해야 한다.

2. **'내가 이해한 바'를 다시 확인하라:** 상대가 이해한 바를 되물어 확인하면 실수가 줄어든다. "그럼 내일은 기상청 예보 보고 회사로 가면 되는 거죠?" 같은 방식이다.

3. **말보다 문장이 중요하다:** 구두 전달은 때로 빠르지만 불확실하다. 특히 현장, 시간, 조건이 명시된 업무는 메시지나 메일로 남겨야 오해가 줄어든다.

4. **자주 발생하는 오해는 매뉴얼화하라:** 자주 반복되는 커뮤니케이션 오류는 단순 실수가 아니다. 업무 지시의 구조를 점검하고, 자주 쓰는 지시문은 간단한 사내 매뉴얼로 만들어야 한다.

커뮤니케이션은 '말'보다 '공감'의 기술이다

좋은 커뮤니케이션은 단지 정확하게 말하는 데서 그치지 않는다. 상대의 입장에서 어떻게 이해될지를 미리 생각해보는 것, 이것이야말로 진짜 커뮤니케이션 능력이다. 실제로 커뮤니케이션 능력이 뛰어난 사람은 말수가 많지 않다. 오히려 짧게 말해도 오해가 없고, 상대방도 편안하게 느낀다. 왜냐하면 말보다 맥락을 먼저 생각하기 때문이다.

요약 정리 — □ ✕

- 커뮤니케이션 오류는 말하는 사람의 책임이다. "말했다"가 아니라 "전달됐다"가 중요하다.

- 기준 없는 표현, 추상적인 지시는 오해를 불러일으킨다.

- 실수를 줄이려면 구체화, 피드백 확인, 문서화, 반복 지시의 매뉴얼화가 필요하다.

- 좋은 커뮤니케이션은 '이해'가 아닌 '공감'에서 시작된다.

너 정신
똑바로 안 차려!

　말의 습관은 감정의 결과이자 관계의 시작이다. "너 정신 똑바로 안 차려!" 많은 직장인들이 한 번쯤은 들어봤을 법한 말이다. 회의 중에, 보고서 피드백 시간에, 혹은 현장에서 실수했을 때 상사의 날선 목소리로 터져 나오는 이 한마디. 하지만 이 말이 과연 진짜로 정신을 차리게 만드는 효과가 있을까? 오히려 마음의 문을 닫고, 위축되고, 상사와의 관계는 그 순간부터 어긋나기 시작한다.

　"너 정신 똑바로 안 차려!" 이런 말을 듣고 자란 아이가, 나중에 부모가 되었을 때 똑같은 말을 자식에게 한다. 왜일까? 그 말이 가장 효과적이라서가 아니다. 그 말이 익숙하기 때문이다.

　말은 감정의 표현인 동시에 습관이다. 부모에게서 들은 말을 무의식 중에 흉내 낸다. 그리고 그 방식이 관계를 망치든 말든, 습관이 된 이상 쉽게 바뀌지 않는다.

　회사에서도 마찬가지다. 조직의 리더가 사용하는 말투가 조직 문화를 만든다. 그 말이 부정적이면 분위기는 경직되고 침묵이 흐른다. 부하 직원들은 최소한의 보고와 최소한의 행동만 하며, 창의력은 사라진다. 반면 같은 상황에서도 리더의 말이 긍정적이고 생산적인 방향으로 전달된다면 결과는 정반대가 된다.

사례 1: 말 한마디가 살린 사기

한 신입사원이 고객 대응에서 큰 실수를 했다. 고객에게 잘못된 자료를 보내는 바람에 클레임이 들어왔고 상사에게 보고할 때 얼굴이 하얗게 질려 있었다. 당시 팀장은 이렇게 말했다.

"누구나 한 번쯤은 실수할 수 있어. 중요한 건 이 실수에서 뭘 배웠는지야. 다음부터는 이런 상황을 어떻게 막을 수 있을지, 네 의견을 들려줘."

이 말 한마디는 신입사원을 구했고, 그의 성장의 시작이 되었다. 똑같은 상황에서 "너 정신 똑바로 안 차려!"라고 외쳤다면? 그 직원은 더 위축됐을 것이고, 오히려 실수는 반복됐을 가능성이 크다.

사례 2: 회장님의 말 한마디

예전에 어떤 대기업 회장님이 임원회의에서 이렇게 말했다고 한다. "내가 원하는 건 '혼내지 않아도 스스로 반성할 수 있는 조직'이야."

이 말이 떨어진 뒤, 그 회사의 중간관리자 교육과 리더십 교육 방향이 바뀌었다. 감정적으로 야단치는 것이 아닌, 객관적 피드백을 통해 스스로 생각하고 성장할 수 있도록 유도하는 방식으로 전환된 것이다. 결과는? 전보다 더 자율적이고 책임감 있는 조직이 되었고, 이직률도 감소했다.

사회생활 생존키트

감정은 휘발성, 말은 흔적을 남긴다

특히 상급자나 선배 직원은 기억해야 할 것이 있다. 자신이 던지는 말 한마디가 누군가에겐 하루를 버티게 하는 힘이 될 수도, 회사를 떠나게 만드는 결정적 한 방이 될 수도 있다는 사실이다.

"너 정신 똑바로 안 차려!"라는 말은 감정 해소일 수는 있어도, 관계를 망가뜨리는 폭탄이 될 수 있다. 그 말을 "지금 이 부분은 다시 점검하자. 네가 충분히 잘할 수 있는 부분이야"처럼 바꾸면 어떨까? 메시지는 같지만, 말하는 태도가 달라진다. 감정이 아닌 존중에서 시작된 말은 상대방에게 책임감은 남기되 상처는 남기지 않는다.

말이 조직을 만든다

회사의 문화는 수십 명, 수백 명의 말투가 모여 만들어진다. 상사가 부하 직원에게, 선배가 후배에게 무심코 내뱉는 말이 바로 그 조직의 공기가 된다. '무서운 조직'이 될지, '성장하는 조직'이 될지는 결국 말하기 방식에서 결정된다. 결국, 말의 힘을 믿어야 한다. 말은 사람을 살릴 수도, 주저앉힐 수도 있다. 그래서 리더일수록, 더 말을 신중하게 해야 한다.

요약 정리 — □ ×

- "너 정신 똑바로 안 차려!" 같은 말은 감정 해소용이지, 문제 해결에는 도움이 되지 않는다.

- 익숙한 말일수록 더 위험하다. 과거에 들었던 말이 나도 모르게 습관이 되어 반복되기 때문이다.

- 같은 메시지도 긍정적이고 구체적인 표현으로 바꾸면, 상대방에게 동기 부여와 신뢰를 줄 수 있다.

- 말은 조직 문화를 만든다. 리더의 말투가 바뀌면, 팀 전체의 분위기도 달라진다.

- 말을 바꾸는 것이 곧 리더십을 바꾸는 첫걸음이다.

상사에 대한 경외심,
관계의 균형을 지키는 질서

회사 생활에서 가장 어렵고 미묘한 관계를 꼽으라면 단연 상사와의 관계일 것이다. 업무의 성과뿐만 아니라 하루의 기분, 나아가 이직 여부까지 영향을 미칠 만큼 이 관계는 직장인에게 절대적이다. 많은 직장인들이 상사와 편해지고 싶은 마음을 갖는다. 편하게 말하고 사적인 얘기도 나누며, 인간적으로 교감하길 원한다. 그것 자체는 좋은 일이다. 하지만 그 관계에 '편함'만 남고 '엄중함'이 사라질 때 중요한 균형이 무너지기 시작한다.

직장에서 '경외심'이라는 단어는 다소 무겁고 낡아 보일 수 있다. 하지만 여기서 말하는 경외심은 위압감이나 권위에 눌리는 태도가 아니라, 직무와 역할에 대한 분명한 존중이다. 아무리 인간적으로 가까워도 업무에 있어서는 상사를 '업무 리더'로서 인정하고, 그 결정과 기준에 무게를 두고 받아들일 줄 아는 태도가 필요하다.

업무에는 친근함보다 질서가 먼저다

어떤 부서장은 늘 부하 직원들과 친구처럼 지냈다. 회식 자리에서는 허물없이 어울렸고 사적인 상담도 잘 받아줬다. 분위기도 좋고 직원들의 만족도도 높았다. 하지만 시간이 흐르면서 이상한 문제가 생기기 시작했다. 보고가 느슨해지고 업무 지시의 우선순위가 무시되며, "그냥 편하게 얘기한 거잖아요"라는 말로 책임이 흐려지는 일이 잦아졌다. 상사의 말이 '지시'가 아닌 '잡담'처럼 들리기 시작한 것이다.

결국 어느 시점부터 그 부서에서는 누가 누구 말을 들어야 하는지 애매해졌고, 성과는 점점 흔들리기 시작했다. 사람 사이의 온기는 있었지만, 조직의 기강과 질서는 무너져 있었던 셈이다.

이 사례는 우리에게 한 가지 분명한 교훈을 준다. 친밀함은 일의 성과를 위해 필요한 도구이지, 기준을 흐리게 만드는 이유가 되어서는 안 된다. 상사에 대한 일정 수준의 경외심은 업무에 대한 긴장감을 유지하고, 조직의 질서를 지키는 최소한의 장치다.

가까울수록 더 명확하게

많은 상사들이 부하 직원에게 신뢰를 주고 싶어한다. 때로는 친구처럼 대해주고 때로는 가족처럼 챙겨준다. 하지만 중요한 업무 상황에서 "이건 아니야"라고 분명히 선을 긋지 못하면 관계는 오히려 애매해진다. 가까울수록 일은 더 엄중하게 다뤄야 한다.

실제로 한 부장급 직원은 이렇게 말했다.

"예전엔 부하 직원과 많이 친했는데, 정작 프로젝트가 틀어졌을 때 책임 소재가 애매해졌어요. 그때 느꼈죠. 사람이랑 친해지는 건 좋지만, 그 전에 역할부터 명확히 해야 서로 더 오래 갈 수 있다는 걸요.”

이처럼 경외심은 단지 상사를 높이 보라는 게 아니다. 역할을 존중하는 태도가 있어야, 가까운 관계도 오래 유지될 수 있다. 결국 이것이 조직 생활에서 말하는 '질서'다.

상사를 대하는 태도는 곧 조직을 대하는 태도

상사를 단지 한 사람으로만 보지 말자. 그는 조직의 대표이자 업무의 책임자다. 상사에게 업무적으로 갖는 경외심은 곧 회사 전체에 대한 태도를 보여주는 것이다. '저 상사는 좀 무시해도 돼'라는 생각은 곧 '이 조직의 질서쯤은 내가 무시해도 돼'라는 위험한 태도로 번진다.

특히 승진을 앞두고 있는 중간 관리자라면 이를 더 깊이 새겨야 한다. 상사에 대한 경외심을 지키는 사람은 부하 직원에게도 같은 태도를 받게 된다. 결국 그것이 리더십의 시작이다.

요약 정리   **— ☐ ✕**

- 경외심이란 권위에 눌리는 것이 아니라, 역할과 업무에 대한 존중이다.
- 아무리 인간적으로 가까워도 업무에서는 선을 명확히 해야 한다.
- 상사에 대한 태도는 곧 조직에 대한 태도이며 당신의 리더십 자산이 된다.
- 가까운 관계일수록 일은 더 엄중하게, 책임은 더 분명하게 다뤄야 오래 간다.

사직서를
쓴다는 것

"드릴 말씀이 있습니다." 한 직원이 결재판을 옆구리에 끼고 내 방에 들어섰다. 그 짧은 한마디에 이미 직감적으로 느껴졌다. '아, 사직이구나.'

사람이 회사를 떠나겠다고 결심하는 데는 분명한 이유가 있다. 단 하나의 사건 때문이라기보다, 여러 번의 실망과 누적된 감정의 결과다. 그렇게 묻는다. "왜 사직하려는 건가요?"

그러면 돌아오는 대답은 대부분 비슷하다. 일이 잘 맞지 않아서, 인정받지 못해서, 미래가 보이지 않아서, 아니면 그냥 마음이 떠나서. 구체적인 단어는 다를지 몰라도 결국 핵심은 하나다. 이 회사에 내가 있어야 할 이유를 더는 못 찾겠다는 것.

그럴 때 나는, 정말 붙잡고 싶은 사람이라면 이렇게 말한다. "나는 김 과장을 인간적으로나 사회적으로 깊이 존중합니다." 그리고 진심을 담아 덧붙인다. "당신이 떠난다면 회사는 분명 손해입니다. 그래서 나는 무릎을 꿇고서라도 붙잡고 싶습니다."

말 한마디가 인생을 바꾼다. 그렇게 이야기를 나누고 나면 대부분 조금 더 고민해보겠다며 미팅은 마무리된다. 물론 모든 퇴직을 막을 수 있는 것도, 막아야만 하는 것도 아니다. 다만 중요한 건, 진심을 전하고 상호 존중의 자세로 마무리 짓는 것이다.

나도 사직서를 냈던 적이 있다

물론 나도 예전에 사직서를 쓴 적이 있다. 책상 서랍 안에 두고 며칠을 고민하다 결국 제출했고, 그 과정에서 내 마음은 굉장히 복잡했다. 막막함, 서운함, 외로움, 동시에 약간의 해방감까지.

그때 나를 붙잡아줬던 선배가 해준 말이 있다. "지금 마음 상태에서 무언가를 결정하지 마. 사직은 실행보다 준비가 더 중요해. 결정은 감정이 아닌 냉철한 판단으로 해야 해."

그 말이 지금도 생생하다. 사직서를 쓴다는 건, 단순히 회사를 나가겠다는 의사 표시가 아니다. 그 사람의 마음에 상처가 있다는 신호다. 무엇인가 기대했는데 그 기대가 무너졌고, 그 상처를 누군가 알아주지 않는다고 느끼는 순간, 마음은 멀어진다.

직장인의 이직은 '분노'보다 '무관심'에서 비롯된다

직장을 떠나는 많은 사람들은 분노해서 나가는 게 아니다. 오히려 아무 감정도 들지 않을 때, 무관심해졌을 때 조용히 짐을 싼다.

"더는 기대하지 않습니다", "이 조직과 나는 별개의 존재가 되었습니다." 이 말은 무서운 신호다. 직원이 무관심해지는 순간부터 그 사람의 성과는 급격히 떨어지고, 조직은 그 구성원을 잃는다. 그리고 그 직무는 공석보다 더 큰 공백을 남긴다.

사직서를 받는 사람의 역할

사직서를 받아야 하는 입장에선 어떻게 해야 할까?

1. **감정을 먼저 받아줘야 한다:** "그럴 수 있겠네요. 요즘 많이 힘들었죠?" 무조건적인 설명이나 방어보다, 감정을 읽고 공감하는 것이 먼저다.
2. **진심을 표현해야 한다:** 붙잡고 싶다면 분명히 말하자. "우리는 당신이 꼭 필요합니다." 반대로 보내야 할 때도, 그동안의 공헌에 대한 감사는 반드시 표현해야 한다.
3. **퇴사를 기회로 삼게 도와야 한다:** 사직은 끝이 아니라 전환점이다. 다음 여정을 지지해주는 리더는 직원의 평생 기억에 남는다.

요약 정리   — ☐ ✕

- 사직은 '감정'의 결과다. 마음이 떠난 이유를 이해해야 한다.

- 붙잡고 싶은 인재가 있다면, 진심으로 표현하고 존중해야 한다.

- 무관심은 조직의 침묵 속 퇴장을 부른다.

- 퇴사 면담은 이별이 아니라 또 다른 시작으로 이어지는 '전환점'이 될 수 있다.

사장님을
설득하는 방법

바른말만이 능사가 아니다

회사에서 일하다 보면 누구나 몇 번은 사장님에게 보고드릴 일이 생긴다. 그것이 신규 사업 제안이든, 예산 요청이든, 조직 개편안이든 간에 사장님의 결재는 단순한 형식이 아니라 성패를 좌우하는 중대 관문이다. 이때 중요한 건 단순히 '논리적으로 맞는 말'을 하는 게 아니라, '상대가 받아들이게 만드는 말'을 하는 것이다.

충신, 간신, 그리고 양신

조선시대 이야기로 풀어보자. 충신은 늘 바른말을 한다. 임금의 잘못을 가감 없이 지적하고, 때로는 목숨 걸고 간언도 마다하지 않는다. 반면 간신은 임금의 심기만 살핀다. 듣기 좋은 말만 하며 결국 임금을 잘못된 길로 이끈다. 그런데 이상하게도 역사를 보면 충신도, 간신도 둘다 비극적인 최후를 맞는 경우가 많다. 왜일까?

답은 '양신(良臣)'의 개념에서 찾을 수 있다. 양신은 바른 소리를 하되, 그 타이밍과 방식에서 탁월하다. 임금의 감정을 배려하면서도 결국 자신의 뜻을 관철시키는 능력을 지닌 사람이다. 이 양신의 지혜가 현대 직장에서도 그대로 통한다.

사장님께 보고할 때는 이기려고 하지 마라

내가 실무에서 터득한 노하우가 있다. 사장님께 결재받으러 갈 때, 나는 반드시 두 가지를 준비한다.

첫째, 최선의 안과 차선의 안을 같이 가져간다. 둘째, 사장님이 궁금해할 만한 질문을 미리 뽑아 답변을 숙지해 놓는다.

한 번은 이런 일이 있었다. 신규 프로젝트 투자건을 가지고 사장님께 결재를 올렸다. 나는 타당성과 ROI(투자 대비 수익률)를 충분히 분석했기 때문에 당연히 승인될 줄 알았다. 하지만 사장님의 반응은 의외였다. "왜 지금 이 타이밍인가?"라는 질문 한 마디에 발표가 막혔다.

나는 즉각 대응하지 않았다. 오히려 "말씀하신 부분, 제가 다시 한번 검토해보겠습니다"라며 다음 날 다른 안을 보완해 다시 들고 갔다. 그리고 최종 승인을 받았다. 중요한 건 내가 맞았느냐 틀렸느냐가 아니라, 사장님의 '관심 포인트'를 어떻게 읽고 조율하느냐였다.

지는 전략, 그러나 이기는 설득

양신의 태도를 한 문장으로 요약하면 '져주면서 이긴다'이다. 상대방이 기분 나쁘지 않도록, 그러나 내가 하고 싶은 말은 놓치지 않고 전달하는 기술이다. 예를 들어 상사나 사장이 우려하는 포인트를 사전에 짚고, 그 우려에 대해 "이런 시각도 있겠지만…"이라는 식으로 다리를 놓아주는 것이다.

또한 단어 선택도 중요하다. "이게 정답입니다"보다 "이런 방향도 고려해봤습니다"가 훨씬 더 부드럽게 들린다. 사람은 이성보다 감정으로 움직인다. 특히 권한이 큰 사람일수록 자신의 입장을 쉽게 바꾸지 않으려 한다. 그렇기에 '명분'과 '감정'을 모두 설득할 수 있어야 한다.

직장인에게 주는 현실 팁

- 보고 전, 사장님의 과거 발언이나 선호하는 가치 기준을 한번 되짚어보라.
- 말로 이기려고 하지 말고, 선택지를 주어 '판단할 여지'를 남겨라.
- 논리보다는 정서적 공감을 먼저 이끌어내라. "사장님께서 중요하게 여기시는 A를 고려해봤을 때…"
- 결재가 부결되더라도 방어막을 쳐놓는 전략이 필요하다. "이 안이 아니라면 B안도 준비해두었습니다."

요약 정리 ─ □ ✕

- 충신도, 간신도 아닌 '양신'이 되어라. 바른말을 하되 상대의 감정을 먼저 고려하라.

- 이기려 하지 마라. 사장님과 논쟁하듯 보고하면 안 된다.

- 준비가 설득의 절반이다. 예상 질문, 대안, 논리적 시나리오까지 준비하라.

- 상사의 마음을 읽는 것이 일의 절반이다. 감정을 움직여야 결재가 움직인다.

조직은 '융화'다
– 나를 고집하기 전에, 함께 맞춰가는 법을 배워라

조직은 여러 사람이 모여 함께 일하는 공동체다. 나의 개성, 경험, 신념도 중요하지만, 그것이 조직과 융합되지 않는다면 결국 갈등의 씨앗이 될 수밖에 없다. 그래서 조직은 곧 '융화'다. 각자의 다름을 조합하고 조율해 하나의 방향으로 나아가는 과정이다.

성향이 뚜렷한 사람일수록 조직과의 마찰을 경험하기 쉽다. 특히 "나는 내 스타일대로 일하고 싶어요", "내 방식이 틀렸다고 생각하지 않아요" 같은 태도는 얼핏 자존감처럼 보일 수 있지만, 실제로는 조직 속에서는 독이 되기 쉽다.

한 젊은 신입사원이 있었다. 그는 "저는 솔직한 게 장점이에요"라며 회의 자리에서 상사의 아이디어를 거침없이 비판했다. 하지만 그 솔직함은 '배려 없는 직설'로 받아들여졌고, 결국 팀 분위기를 해치는 원인이 되었다. 그에게 필요했던 것은 '나답게'가 아니라 '우리답게'였다. 진짜 성숙한 사람은 자신을 고집하는 사람이 아니라, 자신을 조절할 줄 아는 사람이다.

이런 경우는 연애에서도 자주 보인다. "나를 있는 그대로 사랑해주는 사람이 좋아요"라는 말. 물론 그 말엔 나름의 순수함이 있을 수 있다. 하지만 현실적인 관계는 그렇게 단순하지 않다. 인간관계는 언제나 상호적이며 '변화하지 않겠다'는 선언은 결국 '당신이 나에게 맞춰라'는 뜻이 되기 쉽다. 직장도 마찬가지다. 내가 조직에 맞추려는 의지를 보이지 않으면 조직이 나를 계속 품어줄 이유는 없다.

실제 직장에서 융화되지 못하는 직원은 아무리 능력이 좋아도 결정적인 순간에 기회를 얻지 못한다. 어느 회사에 고성과 엔지니어가 있었다. 기술력은 뛰어났지만 회의엔 늘 늦었고, 타 부서와 협업할 때는 자신이 옳다는 태도로 의견 조율을 거부했다. 몇 번의 충돌 끝에 그는 프로젝트 리더에서 배제되었고, 후임으로는 오히려 성과는 평범하지만 타인과의 소통이 뛰어난 직원이 선임되었다.

결국 중요한 것은 기술이나 경험이 아니라 '사람들과 잘 어울릴 수 있는 능력'이다. 융화는 단지 착하게 굴고 양보하라는 뜻이 아니다. 갈등이 생겼을 때 감정적으로 대응하지 않고, 공감하고 절충할 수 있는 성숙함을 갖추는 것. 내 생각만이 아니라 전체의 방향을 고려하는 것. 바로 이것이 진짜 조직인이 갖춰야 할 능력이다.

조직에 적응한다는 것은 자신을 잃는 것이 아니라, 더 넓은 자신을 만들어가는 일이다. 내가 지닌 색깔을 잃지 않으면서도, 다른 색과 섞여 새로운 그림을 그릴 수 있어야 한다. 그것이 바로 융화다.

요약 정리 — □ ×

- 조직은 '융화'의 공간이다. 각자의 개성을 무조건 고집하기보다, 조화롭게 어울리는 것이 핵심이다.

- "나를 있는 그대로 사랑해줘"는 조직에서는 통하지 않는다. 나만 고집하는 태도는 결국 조직과의 단절로 이어진다.

- 소통과 조율 능력이 실력이다. 혼자 잘하는 것보다 함께 잘할 수 있는 사람이 인정받는다.

- 적응은 자기 상실이 아니다. 더 넓은 나를 만들어가는 성장의 과정이다.

페르소나의 힘
– 역할에 맞는 나를 연출하는 지혜

사회생활을 하다 보면 다양한 상황, 다양한 사람들과 마주치게 된다. 그때마다 우리는 같은 '나'이지만, 다른 얼굴을 하게 된다. 이것을 심리학에서는 페르소나(Persona)라고 한다. 라틴어로 '가면'을 뜻하는 말로, 칼 융(Carl Jung)의 분석심리학에서는 '사회적 역할에 따라 드러나는 나의 모습'을 의미한다.

페르소나는 연기하고 가장하는 것과는 다르다. 살아가기 위해, 타인과 잘 어울리기 위해 자연스럽게 사용하는 생존 기술이다. 특히 회사라는 조직 안에서는 이 페르소나의 활용 여부가 곧 성과와 평판, 그리고 인간관계에 직결되기도 한다.

다양한 페르소나, 전략적으로 쓰자

친구를 만날 때는 '털털하고 가벼운 나'로, 여자친구에게는 '따뜻하고 배려심 있는 나'로, 회사에서는 '카리스마 있고 신뢰할 수 있는 나' 등 상황에 따라 행동이 달라진다. 퇴근 후 동료들과의 술자리에서는 '재치 있고 유쾌한 나'로 변신하기도 한다.

이렇듯 우리는 모두 이미 다양한 페르소나를 쓰고 있다. 문제는 '의식적으로 쓰느냐' 아니면 '무의식적으로 흘러가듯 쓰느냐'다. 전자는 주도권을 내가 쥐는 것이고, 후자는 상황에 휘둘리는 것이다.

페르소나가 없으면 생기는 문제

페르소나를 잘 활용하지 못하면 조직에서 오해받기 쉽다. 예를 들어, 어떤 직원은 업무적으로는 매우 유능한데 회의 시간마다 무표정하고 딱딱한 태도를 보인다. 아무리 실력 있는 직원이라도 상사나 동료는 그를 '비협조적인 사람'으로 인식할 수 있다.

반대로 또 다른 직원은 회식자리나 사내 행사에서는 누구보다 유쾌하지만, 중요한 미팅이나 보고 자리에서도 그 분위기를 그대로 끌고 오는 바람에 신뢰를 얻지 못한다. 이처럼 맥락과 상황에 맞는 페르소나의 부재는 결국 자신에게 불이익으로 돌아온다.

'가짜 나'가 아니라 '역할을 수행하는 나'

페르소나를 활용하는 것을 두고 '가면을 쓰는 건 위선이 아니냐'고 생각할 수도 있다. 하지만 이는 나를 숨기는 것이 아니라 나의 일부를 확장해서 보여주는 것이다. 모든 상황에서 진심을 드러내는 것이 꼭 미덕은 아니다. 오히려 맥락에 따라 진심을 표현하는 방식이 달라져야 한다.

예를 들어, 리더라면 위기 상황에서 감정적으로 무너진 모습을 보여주는 것보다 '침착하고 단단한 페르소나'를 보여주는 것이 팀 전체에 안정감을 줄 수 있다. 부하 직원이 힘든 상황이라면 '공감하는 선배'의 페르소나가 더 유효할 수 있다.

진짜 나를 지키면서도 사회에서 잘 살아가기 위해서는 '역할에 맞는 나'를 설계할 줄 아는 지혜가 필요하다. 그게 바로 성과 잘 내는 사람들의 공통된 습관이다. "나는 그냥 나일 뿐이야"라고 말하는 순간, 사회는 그 사람을 손쉽게 판단해버린다. 세련된 페르소나를 갖춘 사람만이 결국 진짜 자신도 지킬 수 있다.

요약 정리   — ☐ ✕

- 페르소나(Persona)는 사회적 역할에 맞는 나의 얼굴이다. 가면이 아니라 생존 기술이자 커뮤니케이션 도구다.

- 직장에서는 의식적인 페르소나 설계가 필요하다. 친구, 연인, 상사, 동료에게 같은 모습으로 대하는 것은 미숙한 일이다.

- 상황에 맞는 페르소나는 신뢰와 성과를 만든다. 유능함을 드러내야 할 때와 친근함을 보여줘야 할 때를 구분해야 한다.

- 페르소나는 위선이 아니라 전략이다. 조직 안에서 진심을 '효과적으로' 전달하는 방식이다.

- 역할에 맞는 페르소나를 훈련하자. 말투, 표정, 옷차림, 태도까지 조율하는 것이 결국 나의 경쟁력이다.

2장

성과를 만드는 생각과 실천

목표가 있어야
성과가 있다

연말이면 으레 반복되는 일 중 하나가 다음 해의 목표 설정이다. 각 부서별로 분주하게 실적을 정리하고, 다음 해 성과를 예상하며 수치를 잡는다. 영업부서는 보통 '얼마나 더 팔아야 하는가'를 고민하며 양적인 목표를, 관리부서는 '어떻게 더 체계적으로 운영할 것인가'를 고민하며 질적인 목표를 설정한다.

이 과정에서 꼭 등장하는 질문이 있다. 목표는 어떻게 설정하는 것이 적정한가? 한 경영진께서는 이렇게 말했다.

"지금까지 내가 할 수 있었던 수준에서 20% 더 올려서 설정해. 그래야 머리를 더 굴리고, 시간을 더 쪼개고, 어떻게든 그걸 해내려는 방식으로 움직이게 돼."

처음 들을 땐 다소 무리한 기준 같지만, 곱씹어 보면 현실적이고 실전적인 조언이다. 현실 가능한 수준에서 살짝 무리한 목표는 사람을 움직이게 만든다. 바로 그 20%의 차이가 나중에 '성과'라는 이름으로 남는다.

목표가 없으면 생기는 일

회사 일이든 개인 일이든 '어떻게 될지 두고 보자'는 태도로 접근하면 이상하게 일도 진전되지 않고, 사람도 느슨해진다. 마치 양궁 선수가 과녁을 보지 않고 활을 쏘는 것과 같다.

이때 양궁 경기를 자주 예로 드는 편이다. 모든 선수가 10점을 목표로 쏜다. 그러나 결과는 9점일 수도 있고 7점일 수도 있다. 하지만 6점을 맞춘 선수가 "처음부터 6점 맞히려고 쐈어요"라고 말하진 않는다.

왜냐하면 모두가 10점을 맞히려는 목표를 설정했기 때문이다. 정확한 목표점이 있다는 것 자체가 집중력을 높이고, 결과에 가까워지게 한다. 그래서 6점이라도 맞출 수 있었던 것이다.

회사에서 일할 때도 마찬가지다. 목표가 없으면 추진력이 생기지 않는다. '뭐, 이 정도면 괜찮지'라는 자기합리화가 습관이 되고, 어느새 평균 이하의 결과에 익숙해진다. 그리고 가장 무서운 건 그런 상태가 스스로도 '나쁘지 않다'고 착각하게 되는 것이다.

간혹 높은 목표도 필요하다

물론 현실을 무시한 무리한 목표는 조직을 지치게 만든다. 하지만 어느 정도 뻗어 나가는 것은 필요하다. 왜냐하면 사람은 본능적으로 '할 수 있는 만큼'만 하려는 존재이기 때문이다. 하지만 목표를 20% 더 높게 잡으면, 거기 도달하기 위해서 '할 수 있는 방법'을 어떻게든 찾아내려 한다.

조직도 마찬가지다. 목표가 있는 조직은 계획을 세우고, 점검하고, 피드백하며 나아간다. 반면 목표가 없는 조직은 일이 생기면 그때그때 처리하고, 마감일에 쫓기며 상황에 떠밀려 다닌다. 둘의 차이는 결국 성과로 드러난다.

실천을 위한 조언

1. **'해본 결과'에서 20%를 더하라:** 작년 실적이든 지난 프로젝트 경험이든, 본인의 평균 능력을 기준 삼되, 거기에 20% 정도 더한 수치를 목표로 설정하라. 그 20%가 당신의 성장을 이끌어줄 자극이다.
2. **추상적인 목표는 의미가 없다:** "더 열심히 하자"는 목표는 목표가 아니다. 숫자화하고, 구체화하고, 언제까지인지 기한을 명확히 해야 한다.
3. **주기적으로 점검하라:** 목표를 세우고 잊으면 그냥 다짐에 그친다. 분기별로라도 점검하고, 조정하고, 현재 위치를 확인해야 한다. 그래야 도달 가능성이 생긴다.

요약 정리 — □ ×

- 목표는 조직의 추진력을 만드는 기본 도구다.

- 목표는 '현재 할 수 있는 것보다 조금 더' 높게 잡아야 한다.

- 목표가 있어야 실행계획이 생기고, 실행이 있어야 성과가 따라온다.

- 과녁이 있어야 활을 쏠 수 있다. 목표 없는 추진은 자기합리화와 타협만 키울 뿐이다.

- 목표 설정은 성장을 위한 도전의 출발점이다.

'일'이라는 녀석의
쌍둥이 형제, '헛일'

우리는 매일같이 일을 한다. 아침에 출근해서 컴퓨터를 켜고, 커피 한 잔을 옆에 두고, 메일을 확인하고 회의를 하고 보고서를 쓰고 또 회의를 한다. 그렇게 하루가 지나고 퇴근 시간 즈음엔 스스로에게 이런 말을 한다. "오늘 진짜 바빴다."

그런데 이상하지 않은가? 그렇게 바쁘게 하루를 보냈는데도, 돌아보면 남은 게 없다. 상사는 뭐라고 하고, 성과는 없고, 회의는 또 하고, 보고서는 고쳐지고, 그 바빴던 하루가 도대체 뭐였는지 모르게 허무하다.

왜일까? 사실은, '일'을 한 게 아니라 '헛일'을 한 것이다. 여기서 진실 하나를 알려주겠다. '일'이라는 녀석에게는 아주 닮은꼴 쌍둥이 형제가 있다. 그 이름은 '헛일'이다. 그리고 더 무서운 사실은, 이 둘은 얼굴도, 말투도, 태도도 너무 똑같아서 웬만한 사람은 구분을 못 한다는 것이다. 그러니까 우리는 '일'을 하고 있다고 착각하지만, 실상은 '헛일'에 시간을 쏟고 있는 경우가 태반이다.

이 헛일이라는 녀석은 교묘하다. 굉장히 바쁜 척 한다. 열심히 뭔가

하고 있는 척 한다. 회의도 길게 하고, 보고서도 길게 쓴다. 하지만 정작 아무것도 바뀌지 않는다. 그 어떤 결정도 나지 않고, 아무 영향도 주지 않고, 아무 성과도 만들어내지 못한다.

"일한 건 맞는데, 뭐가 나왔지?" 회사의 입장에서 보면, 이건 그냥 시간 낭비다. 인건비 낭비다. 아무 성과도 없이, 그저 사람만 지치게 만들고 에너지와 자원을 소모하는 존재. 바로 그게 헛일이다. 실제로 많은 직장인들이 이 헛일에 하루를 허비한다.

특히 관리자급 이상이 되면, 이런 헛일을 '일인 척' 하고 반복하는 경우가 많다. 업무의 방향성도 없이, 대충 느낌대로 회의하고, 구체적인 실행 계획 없이 회의록만 남기고, 누구 책임인지 모호하게 흩어버리고, 그걸 또 다음 회의에서 다시 논의한다. 이쯤 되면 회의가 일이 아니라 '헛일 생산 공장'이 된다.

보고서는 어떤가? 보여주기 위한 형식, 위에서 좋아할만한 문구, 실질적 내용은 빠져 있는 있어 보이는 말잔치다. 그걸 쓰느라 새벽까지 남아 있어도, 결국 다음날 임원이 하는 말은 한 줄이다. "이거 다시 해와." 이게 현실이다.

'열심히 했습니다'는 말은 상사에게 아무 의미 없다. '그래서 뭐가 됐냐'가 전부다. 회사라는 조직은 과정이 아니라 결과를 기억하는 곳이다. 성과 없는 노력은 아무 의미 없다.

회사는 당신이 얼마나 열심히 했는지 관심은 둘 수 있지만 결국 평가는 성과다. 야근을 몇 번 했는지, 주말에 일했는지, 메일을 몇 통 보냈는지는 중요하지 않다. 결국 성과를 냈느냐가 당신이 '일을 한 사람'인지, '헛일만 한 사람'인지를 결정짓는다.

그런데 많은 직장인들이 이런 현실을 애써 외면한다. "그래도 노력은 중요하잖아요", "일단 열심히 하면 언젠가 알아주겠죠." 아니다. 조직은 그런 식으로 돌아가지 않는다.

물론 열심히 하는 과정은 필요하다. 하지만 결과로 이어지지 않는 과정은 미완성이다. 축구로 비유하자면, 열심히 뛰었지만 한 골도 넣지 못한 공격수를 계속 기용해줄 감독은 없다. "얘가 많이 뛰었잖아요." 그건 팬이 아니라 가족만 해줄 수 있는 말이다. 직장은 가족이 아니다. 회사는 프로다. 성과로 말해야 한다.

그래서 중요한 건, 매일 스스로에게 질문하는 것이다. "내가 하고 있는 이 일, 과연 진짜 '일'인가?", "이 일이 진짜 가치 있는 일인가?", "지금 이 회의가 실제로 뭔가를 바꾸는가?", "이 보고서가 누군가의 의사결정을 도와주는가?", "이 결과가 고객이나 조직에 어떤 영향을 주는가?"

이 질문을 하지 않으면, 우리는 얼마든지 '헛일의 늪'에 빠질 수 있다. 눈에 보이는 바쁨에 취해서, 진짜 일을 하지 못한 채 에너지와 시간을 탕진한다. 그리고 그 결과는 냉정하게 돌아온다. 성과 없는 평가, 무의미한 승진 대기, 존재감 없는 커리어.

'헛일'을 반복하는 사람에게 회사는 더 이상 기회를 주지 않는다. 그건 냉정한 게 아니라, 조직의 생존 방식이다. 당신의 시간과 에너지를 진짜 '일'에 써라. '헛일'이라는 쌍둥이의 속임수에 당하지 말고, 당신의 하루가 성과로 남을 수 있도록 냉정하게 판단하라. 바쁨의 허상에서 벗어나야만 진짜 실력자가 된다.

요약 정리　　　　　　　　　　　　　　— ☐ ✕

- '일'과 '헛일'은 쌍둥이다. 겉으로 보기엔 똑같지만, 결과로 판가름 난다.

- 성과 없는 과정은 헛일이다. 아무리 열심히 해도, 결과가 없으면 인정받지 못한다.

- 조직은 노력보다 결과를 본다. 일한 시간이나 정성은 중요하지 않다. 무엇을 이뤘는지가 전부다.

- 스스로에게 질문하라. 지금 내가 하는 일이 진짜 가치 있는 일인지, 성과로 이어지는 일인지 판단해야 한다.

- '바쁘다'는 착각에서 벗어나야 한다. 바쁜 하루가 아니라, '성과 있는 하루'를 만들어야 한다.

성과는 영업사원의 숙명이다
– 숫자가 곧 인격이다

"영업사원은 숫자가 인격이다." 이 문장을 처음 들으면, 지나치게 차갑다고 느껴질 수 있다. 하지만 영업이라는 세계를 조금이라도 경험한 사람이라면 고개를 끄덕이게 된다. 그만큼 이 말은 현실이다.

영업사원에게 있어서 성과는 선택이 아니다. 숙명이다. 당신이 얼마나 성실한 사람인지, 얼마나 고객을 위하는 마음으로 일했는지, 얼마나 오랫동안 회사를 위해 희생해왔는지 조직은 모른다. 아니, 관심이 없다. 관심 있는 건 단 하나다. "성과가 있느냐?" 이 질문 앞에서 모든 것이 갈린다. 그 사람을 계속 데리고 가야 할지, 다른 누군가로 바꿔야 할지를 판단하는 기준은 결국 숫자다.

축구를 예로 들어보자. 한 공격수가 있다. 그는 누구보다 열심히 뛴다. 수비까지 내려오고, 몸을 던져 볼을 지킨다. 동료를 위해 공간도 만든다. 하지만 골은 넣지 못한다. 당신이 감독이라면 이 선수를 계속 주전으로 기용하겠는가?

물론 처음에는 칭찬할 것이다. "희생적이다", "성실하다", "팀을 위한 플레이를 한다." 하지만 시간이 지나고도 득점이 없다면 결국 그는 주전 경쟁에서 밀려난다. 팬들도 그를 기억하지 않는다. 왜냐하면, 공격수는 골로 존재를 증명해야 하기 때문이다.

영업도 마찬가지다. 계약을 따오지 못한 영업사원은, 아무리 고객에게 친절하고 노력했어도 결국 조직 내에서 존재감을 잃는다. 보고할 수 있는 성과가 없으면 회의 자리에서 조용해질 수밖에 없다. 일을 '잘하고 있는지'가 아니라, '성과를 내고 있는지'로 평가받기 때문이다.

성과는 결과다. 그리고 그 결과는 당신이 어떤 사람인지 보여주는 가장 강력한 증거다. 성과가 곧 신뢰이며, 신뢰가 곧 권한이다. 성과를 내는 순간, 팀장이 대하는 태도가 바뀐다. 회의에서 당신의 말이 묵직해진다. 당신이 제안한 전략이 우선 검토된다. 성과는 조직에서 살아남기 위한 면허증과도 같다.

물론 우리는 알고 있다. 영업은 사람과 사람 사이의 일이라는 것을. 관계도 중요하고, 과정도 소중하다. 고객의 말에 귀 기울이고, 니즈를 파악하고, 진심을 담는 일은 반드시 필요하다. 그러나 조직은 이렇게 말한다. "그렇게 해서, 매출은 얼마나 나왔나요?" 이 말은 냉정하지만, 동시에 정직하다. 영업은 말이 아닌 수치로 평가된다. 결과가 곧 실력이고, 실적이 곧 영향력이다.

그래서 우리는 말할 수밖에 없다. "성과는 영업사원의 숙명이다", "영업사원에게 숫자가 곧 인격이다", "골을 넣지 못한 공격수는 아무리 뛰어도 외면받는다." 영업은 냉정하지만, 그만큼 공정한 세계다.

성과를 내는 사람에게는 누구도 말할 수 없는 힘이 생긴다. 조직은 성과로 당신을 대하고, 숫자가 당신을 말해준다. 당신은 오늘, 몇 골을 넣었는가?

요약 정리   **— ☐ ✕**

- 영업사원에게 있어 성과는 선택이 아닌 숙명이다.

- 숫자는 곧 신뢰이며, 존재의 증거다. 아무리 성실하고 정성을 다해도 결과가 없다면 인정받기 어렵다.

- 골을 넣지 못하는 공격수처럼, 계약을 성사시키지 못하는 영업사원은 결국 외면받는다.

- 오늘도 우리는 숫자로 존재를 증명해야 한다. 당신은 오늘, 몇 골을 넣었는가?

잘 팔리는 것이 좋은 제품이다
– 신규 사업 검토의 본질

신규 사업을 검토하는 자리는 늘 긴장된다. 특히나 그 자리에 오너가 참석한다면 말이다. 그날도 그랬다. 우리가 투자를 검토 중인 한 스타트업 대표가 제품설명회를 위해 본사 회의실을 찾았다. 그는 자신이 직접 개발한 제품에 대해 자부심이 가득했다. 프레젠테이션 내내 눈빛은 반짝였고, 설명 하나하나에도 진심이 묻어났다.

실제로 제품은 꽤 괜찮아 보였다. 기술력도 있어 보였고 디자인도 고급스러웠다. 발표를 듣는 사람들 대부분이 고개를 끄덕이며 '좋은 아이템이네' 하는 분위기였다. 나 역시 그 마음에 크게 다르지 않았다. 그런데도 발표가 끝난 후, 머릿속에서는 하나의 문장이 계속 맴돌았다.

'좋은 제품이 잘 팔리는 게 아니라, 잘 팔리는 제품이 좋은 제품이다.' 이 말은 내가 사회생활을 하며 몸으로 배운 영업 철학이자, 신규 사업을 바라볼 때 가장 먼저 떠올리는 생각이다. 많은 사람들이 착각하는 부분이 있다. '좋은 제품이니까 당연히 팔릴 것이다'라는 환상이다. 기술력이 뛰어나고 완성도가 높으니 시장에서 알아서 반응할 거라고 믿는다. 하지만 현실은 그렇게 단순하지 않다.

좋은 제품이라는 건 '소비자의 관점에서 돈을 내고 사고 싶게 만드는 제품'이어야 한다. 아무리 기술이 뛰어나고 설명이 논리적이어도, 시장이 외면하면 그건 결국 좋은 제품이 아니다. 냉정하게 말하면, 시장에서 살아남지 못한 제품은 의미 없는 결과물일 뿐이다.

제품에 대한 객관적 평가보다 더 중요한 건, 그 제품이 팔릴 수 있는 구조인지, 팔렸을 때 회사에 실제 수익이 돌아오는 구조인지를 냉정히 따져보는 것이다. 즉, 잘 팔리는 제품을 뛰어넘어 돈이 되는 제품을 찾아야 한다는 말이다.

경영의 본질은 '팔리는 것'이 아니라 '남는 것'

이런 일은 신사업뿐 아니라 사내에서도 종종 벌어진다. 어떤 부서는 수개월간 공을 들여 완성도 높은 보고서를 만든다. 그런데 실제로는 그 기획이 실행되지도 않고, 시장과 맞지 않아 그냥 책상 서랍에 묻히는 경우도 허다하다. 왜 그럴까? 시장성이 없기 때문이다.

회사 경영은 박람회가 아니다. 누가 기술을 더 잘 설명했는지, 누가 더 열심히 준비했는지를 뽐내는 자리가 아니다. 돈이 들어오고, 남고, 회사가 성장하는 구조를 만들어내는 것, 그것이 본질이다.

그래서 나는 늘 질문한다.

이 제품은 과연 팔릴까? 아니, 왜 살까?
팔린다면, 어떤 경로로 팔릴까?

팔았을 때 우리가 남기는 이익은 얼마나 될까?

이 세 가지 질문에 명확히 답하지 못하면 아무리 좋아 보이는 제품이라도 투자는 보류하는 편이다. 감정이 아닌 수익의 흐름이 투자 판단의 기준이어야 한다. 좋은 사람, 좋은 기술, 좋은 철학이 있다고 해서 그게 곧 좋은 사업이 되는 것은 아니다. '좋은 사업'은 '돈이 남는 구조'가 확실할 때만 성립한다.

직원들에게도 '사업가의 눈'이 필요하다

직장인이라면, 특히 실무에서 신규 사업을 검토하거나 의사 결정을 하는 사람이라면, 자신이 회사의 작은 CEO라는 생각으로 일해야 한다. 단순히 제품의 외형이나 설명에 매료되지 말고, 끊임없이 자문하자.

이건 정말 팔릴 수 있는 상품인가? 돈이 되는 상품일까?
팔기 위해선 어떤 유통 전략이 필요한가?
가격 구조는 어떻게 돼야 시장이 반응할까?
이 사업의 핵심 수익원은 무엇인가?

직원이 '사업가의 눈'을 갖추기 시작하면 회사는 변화한다. 제품이 아닌 시장을 먼저 보기 시작하고, 기술이 아닌 고객 니즈를 먼저 고민한다. 그게 바로 '일 잘하는 직원'이자, '성과를 내는 직원'이다.

신규 사업이든 일상 업무든 마찬가지다. 우리는 종종 좋은 것을 만들기 위해 지나치게 노력한다. 하지만 시장과 고객이 '좋다'고 해야 비로소 좋은 것이 된다. 그리고 그 평가의 가장 현실적인 척도는 '얼마나 팔리는가', '얼마나 남기는가'다.

좋은 제품은 개발자가 아니라 고객이 결정한다. 잘 팔리는 제품이 결국 '좋은 제품'이고, 돈이 남는 제품이 진짜 성공한 제품이다. 그 철학을 가슴 깊이 새기고 일하라. 그러면 당신의 판단은 늘 '사업가다운' 현실 위에 설 것이며, 조직의 성과는 당신의 직업적 가치를 증명해 줄 것이다.

요약 정리   — □ ✕

- 좋은 제품이란, 고객이 사고 싶어 하는 제품이다. 기술력이나 완성도보다 중요한 건 '시장성'이다.
- 잘 팔리는 제품이 결국 좋은 제품이다. 아무리 좋아도 팔리지 않으면 시장에서는 외면당한다.
- '팔리는 것'보다 더 중요한 건 '남는 구조'다. 제품이 수익을 창출할 수 있는 구조인지 반드시 따져봐야 한다.
- 투자 판단은 감정이 아닌 수익 흐름을 기준으로 한다. 설명이 좋다고, 열정이 있다고 판단해서는 안 된다.

헛스윙은
노력한 것이 아니다

직장생활을 하다 보면 누구나 이런 얘기를 한 번쯤 해봤을 것이다. "이만큼 했으면 됐지", "하다 보면 언젠가는 되겠지." 하지만 안타깝게도 세상은 그렇게 호락호락하지 않다.

모든 일에는 인풋(input)이 있다. 들이는 시간, 노력, 열정, 그 모든 것이 인풋이다. 그렇다면 그 결과로 나오는 아웃풋(output)은 무엇인가? 그것은 '성과'이며, 그 성과는 대부분 '돈'이라는 숫자로 표현된다.

많은 사람들은 이렇게 반문한다. "인풋이 있다고 무조건 아웃풋이 따라올까? 하다 보면 안 될 수도 있지 않나?" 맞는 말이다. 100건의 견적을 내도 모두 다 수주할 수는 없다. 아무리 정성을 들여 준비해도, 실제 계약으로 이어지지 않을 가능성은 늘 존재한다. 하지만 중요한 건 거기서 멈추면 안 된다는 것이다.

마치 양궁 선수처럼 '열심히 쏘면 언젠가는 10점에 근접하겠지'라는 희망을 가지고 훈련하는 것은 비즈니스에서는 통하지 않는다. 양궁에서는 9점, 8점도 의미가 있지만, 영업에서는 10점이 아니면 0점이다.

더 냉정하게 말하면, 무리하게 인풋한 결과가 오히려 시간 낭비와 자원 소모로 이어졌다면 오히려 마이너스일 수도 있다. 즉, 성과 없는 인풋은 헛스윙이다.

판단은 시작 전에 끝내야 한다

일을 시작하기 전에 우리는 반드시 물어야 한다. '이 일이 아웃풋으로 이어질 가능성이 얼마나 될까?'

성공 확률이 10% 미만이라면, 차라리 더 가능성이 높고 성과가 기대되는 일에 집중하는 것이 훨씬 현명하다. 따라서 '하다 보면 되겠지'라는 안일한 태도보다는 '어떻게 하면 성공 확률을 높일 수 있을까?'라는 질문이 진정한 '성과 지향적 마인드'다.

많은 직장인들이 '노력은 배신하지 않는다'는 말에 위로받는다. 하지만 현실은 정반대다. 노력도 방향이 맞아야 의미가 있다. 100건의 견적 중 10건이 성과로 이어졌다면, 그 10건을 제외한 나머지 90건은 '성과'를 기준으로 보면 사실상 낭비다. 단순히 견적서를 많이 작성했다고 해서 좋은 평가를 받을 수는 없다. 직장에서는 성실보다 성과가 우선이다. 성과 없는 성실은 아름다워 보일지 몰라도 현실에서는 무력하다.

사회생활은 확률 게임이 아니라 전략 게임이다

직장인은 단순히 '열심히' 하는 걸로는 안 된다. 일의 선택과 집중이 훨씬 더 중요하다. 성과가 날 가능성이 낮은 일에 하루 10시간 투자하는 것보다, 가능성이 높은 일에 3시간을 집중하는 편이 훨씬 더 합리적이다. 시간은 한정되어 있고, 모든 일을 다 잘할 수는 없기에 더욱 그렇다.

이제는 이렇게 질문을 바꿔야 한다. "이 인풋이 과연 나에게 어떤 아웃풋을 가져다줄 것인가?", "지금 이 일을 하면 내가 원하는 성과에 가까워질 수 있는가?", "아니라면, 더 나은 대안을 찾을 수는 없는가?"

일 잘하는 사람은 감이 다르다

진짜 일 잘하는 사람은 '성과가 날 일인지 아닌지'를 감지하는 능력이 탁월하다. 그들은 '할 수 있는 일'보다 '해야 할 일'을 찾는다. 무작정 투입하는 것을 미덕으로 삼지 않는다. 때로는 '안 하는 용기'도 필요하다. 결국 직장인의 진짜 경쟁력은 성과를 선택하는 눈에서 시작된다.

요약 정리

- 인풋은 시간과 노력이고, 아웃풋은 성과다.
- 성과 없는 인풋은 헛스윙이며, 조직에서는 결과가 없으면 의미 없다.
- 일을 시작하기 전, 성과 확률이 있는지 반드시 판단하고 접근해야 한다.
- '하다 보면 되겠지'보다 '어떻게 하면 될 수 있을까'를 고민하라.
- 성실도 중요하지만, 방향성과 선택이 더 중요하다.
- 진짜 경쟁력은 성과가 날 일을 선택하는 눈이다.

과정에도
친구가 있다

'과정'이라는 단어는 왠지 모르게 부드럽고 성실해 보인다. 땀 흘리며 노력하는 모습이 떠오르고, '결과보다 과정이 중요하다'는 말처럼 그 자체로 의미 있는 것으로 포장되곤 한다. 하지만 우리가 조직에서 겪는 현실 속 '과정'은 그렇게 순탄치 않다.

그 과정엔 어김없이 따라붙는 단짝이 있다. 이름하여 '돌발변수'. 겉보기엔 친구처럼 보이지만, 실상은 일 잘 굴러가다가 갑자기 뒤통수치는 문제다. 이 돌발변수는 꼭 중요한 순간에 불쑥 등장해 우리의 계획을 흔들고, 완성 직전의 결과물을 망쳐놓기도 한다. 흔히 '다 된 밥에 재를 뿌린다'는 말, 바로 이 친구의 주특기다.

현실 속의 돌발변수 사례들

한 영업사원이 있었다. 몇 달간 공들여 고객을 설득해, 마침내 계약서에 도장을 찍는 데 성공했다. 그는 기쁜 마음으로 팀장에게 보고하며 "성과 냈습니다!"라고 외쳤다. 그런데 이틀 뒤, 거래처의 내부 사정으로 계약이 철회되었다. 서명까지 했는데? 의미 없다. 정작 중요한 건 우리 회사 법인 계좌에 '입금 완료'가 되는 것이다. 그 이전까지는 아무것도 확정된 게 아니다.

한편, 연구개발팀에서는 6개월간 수많은 테스트를 거쳐 신제품 개발을 완료했다. 시장 반응이 좋을 거라며 들뜬 분위기였지만, 생산 단계에서 원자재 수급 차질이라는 복병이 등장했다. 결국 론칭 일정은 무기한 연기되고, 팀원들은 '성과를 앞두고 놓쳤다'며 좌절할 수밖에 없었다.

이처럼 돌발변수는 어느 부서에서든, 어느 시점에서든 얼굴을 들이민다. 기획, 개발, 생산, 영업, 심지어 출고까지 모든 과정에 끈질기게 달라붙는다. 그래서 조직에서의 '성과'는 마지막 입금이 확인되기 전까진 그 누구도 방심할 수 없는 것이다.

과정은 통제 가능해야 의미가 있다

그렇다면 어떻게 해야 이 문제아 친구 '돌발변수'를 관리할 수 있을까? 먼저, 일하는 과정을 개인의 감에만 맡겨서는 안 된다. 누구나 예외 상황을 겪을 수밖에 없기에 예외를 통제하는 프로세스와 시스템이 필요하다. 예를 들어, 영업계약 이후에도 입금 전까지 클로징 단계를 철저히 관리하는 프로세스를 두는 것, 개발 단계에서부터 생산 가능성 및 원자재 리스크를 체크하는 체크리스트를 운영하는 것 등이 있다.

또한 모든 구성원은 '과정'이라는 명분 아래 결과를 합리화하거나 변명해서는 안 된다. 특히 중간관리자들은 구성원들의 보고에 대해 "그럼 수금은 됐어?" 혹은 "출시 일정 확정된 거야?"처럼 최종 결과를 집요하게 묻는 습관이 필요하다. 그래야 '과정 중심 사고'가 아닌 '성과 중심 실행'이 자리 잡는다.

과정에서 필요한 건 예측력과 집중력

돌발변수는 막는 것이 아니라 대비하는 것이다. 예측력은 다양한 시나리오를 상상하며 리스크를 떠올리는 습관에서 나오고, 집중력은 그 리스크를 줄이기 위해 디테일에 몰입하는 태도에서 나온다.

어떤 사소한 메일 하나, 전달의 뉘앙스 하나가 중요한 계약의 분위기를 바꾸고, 보고서의 오류 하나가 상사의 신뢰를 무너뜨릴 수도 있다. 그래서 '과정'은 그냥 열심히 한다고 되는 게 아니라, 잘 설계하고 잘 훈련된 실행력이 있어야 완성된다.

요약 정리   — ロ ×

- 과정에는 언제나 '돌발변수'라는 친구가 따라붙는다. 이 변수는 예측 불가하며 성과를 뒤흔들 수 있다.

- 성과는 '수금' 혹은 '완료된 결과'로 확정된다. 계약서, 개발 완료, 회의 통과는 중간 과정일 뿐이다.

- 과정은 개인 역량이 아닌 조직 시스템으로 통제돼야 한다. 매뉴얼, 점검표, 프로세스를 통해 리스크를 줄여야 한다.

- 집중력과 예측력이 과정의 성공 확률을 높인다. 상황을 미리 그려보고, 실행에선 디테일에 집중하라.

업무의 속도와 완성도
– 실행력보다 전략력이 먼저다

"저 사람은 일 참 잘해." 직장생활을 하다 보면 이런 평가를 자주 듣는 동료들이 있다. 이들에게는 공통점이 있다. 빠른 일처리와 높은 완성도, 그리고 결과로 이어지는 성과. 얼핏 보면 '손이 빠르다'거나 '센스가 있다'는 식으로 보일 수도 있다. 하지만 들여다보면 그 밑바닥에는 분석력, 집중력, 그리고 전략적 실행력이라는 단단한 기반이 깔려 있다.

흔히 '일 잘하는 사람' 하면 실행력이 뛰어난 사람을 떠올린다. 맞는 말이다. 아무리 좋은 아이디어도 실행하지 않으면 말잔치에 불과하다. 그러나 실행력은 절대 그 자체로 독립된 능력이 아니다. '방향'을 제대로 잡는 것이 핵심이다. 전략 없는 실행은 목적지를 모른 채 달리는 것과 같다. 아무리 빠르게 달려도 도착지는 틀릴 수밖에 없다.

전쟁은 전투 당일이 아니라 그 이전에 결정된다

업무는 전쟁과 닮았다. 전투 당일에 검을 휘두르기보다, 그 전에 어떤 전략을 세우고 준비했는가가 성패를 결정짓는다. 전쟁에서 중요한 것은 병력이 아니라, 병참과 지형, 상대의 심리와 타이밍이다. 결국 이기려면 생각이 먼저고 행동은 그 다음이다.

한 번은 신제품 론칭 프로젝트에서 이런 일이 있었다. 실행력이 뛰어난 팀이 마케팅 시안부터 광고 계약까지 일사천리로 진행했다. 그런데 막상 시장에 내놓고 보니 정작 제품의 타깃 설정이 완전히 빗나가 있었다. 왜? 초기 시장 조사와 사용자 인터뷰가 거의 없었기 때문이다. 결과는 참담했다. 수억 원을 들이고도 반응은 미미했고, 결국 제품은 조기 철수했다.

반면 다른 프로젝트에서는 사뭇 다른 접근이 있었다. 론칭 전 3개월 동안 시장조사와 경쟁사 분석, 고객 페르소나 설정에 집중했다. 때로는 답답할 만큼 느려 보였지만, 준비가 끝난 뒤 실행에 돌입하자 단 2주 만에 마무리됐다. 정리된 전략 위에서 움직였기에 실행은 빠르고도 정확했다.

속도와 완성도는 준비가 만든다

종종 이런 질문을 받는다. "속도와 완성도 중 뭐가 더 중요합니까?" 하지만 이건 마치 '숨쉬는 것과 심장이 뛰는 것 중 뭐가 더 중요합니까?'를 묻는 것과 같다. 진짜 중요한 건 그 둘을 동시에 가능하게 하는 시스템, 즉 전략적 준비다.

제대로 준비된 상태로 시작한 업무는 속도도 따라오고, 결과물의 완성도도 올라간다. 반대로 계획이 허술하면 실행하면서 계속 수정하고 되돌리느라 오히려 더 시간이 걸리고, 퀄리티도 떨어지게 된다.

사회 초년생에게 특히 강조하고 싶은 말이 있다. '일단 해보자'는 자세는 중요하다. 그러나 '왜 이 일을 지금, 내가, 어떤 방식으로 해야 하는가'를 먼저 고민하는 습관이 없으면 매번 같은 실수를 반복하게 된다.

전략을 세우는 습관이 성과의 격차를 만든다

결국 일 잘하는 사람은 손이 빠른 사람이 아니라, 생각이 빠른 사람이다. 어떤 업무든 시작 전 10분만 더 생각해 보자. 그 고민 10분이 실행 시간을 1시간 이상 줄여준다.

회의 자료를 만들 때도 단순히 '자료를 채우는 것'이 아니라, 이 자료를 본 사람이 무엇을 느낄지, 어떤 질문을 던질지, 무엇을 결정할지를 미리 상상하며 설계하는 것. 이게 전략력이다.

회의 전 안건을 다시 읽고, 메일을 쓰기 전에 받는 사람의 입장에서 문장을 다듬고, 보고서 작성 전에 독자의 필요를 먼저 그려보자. 이 사소한 습관들이 쌓이면 업무의 결과는 분명히 달라진다.

요약 정리   — ▢ ✕

- 실행력은 중요하지만, 전략 수립이 선행되지 않으면 방향을 잃는다.

- 속도와 완성도는 노력보다 전략적 준비의 산물이다.

- 늘 '왜 이 일을 하는가'라는 질문으로 시작하라.

- 준비가 철저하면 실행은 빠르고, 오류는 적다.

- 일 잘하는 사람은 손 빠른 사람이 아니라, 먼저 생각하고 움직이는 사람이다.

성과의 바통을
경영으로 넘겨라

순간의 성과를 넘어 지속가능한 가치로

회사 생활에서 우리는 끊임없이 '성과'라는 단어를 마주한다. 매출, 수주, 프로젝트 완료, KPI 달성 등. 조직은 성과를 통해 살아 움직이며, 성과가 없이는 존재 이유도 흐려진다. 하지만 성과만 바라보다 보면, 자칫 중요한 것을 놓칠 수 있다. 바로 '경영'이라는 더 넓고 긴 시야다.

성과는 현재형, 경영은 미래형

성과는 '지금 당장'이 중요하다. 이번 분기 실적, 이번 프로젝트 결과, 이번 달 실현된 목표 등은 단기적이지만 명확하고 측정 가능하다. 반면, 경영은 시간의 단위를 달리 쓴다. 3년, 10년, 때로는 100년을 바라본다. 단기 성과와 달리, 경영은 비가시적이며 불확실하고 느리다. 그러나 이 느림과 불확실함 속에서 기업의 지속가능성이 자란다.

이 두 영역은 대립하지 않으며 서로를 연결해주는 '바통'이 필요하다.

사회생활 생존키트

개인이 뛰어난 성과를 냈다면, 그 에너지와 시야를 이제는 더 넓은 경영 관점으로 전환해야 한다. 내가 혼자 잘하는 것을 넘어서, 팀이 잘 되게 하고, 조직이 잘 굴러가게 만들어야 한다. 이 전환이 없다면 빛나는 성과도 결국엔 과거의 자랑에 머물고 만다.

과거 성과에 안주하지 말라

한때 회사 매출의 절반을 차지하던 대형 프로젝트를 수주한 직원이 있었다. 그는 누구보다 열정적이었고, 당시에는 사내에서도 에이스라는 칭찬을 들었다. 하지만 몇 년이 흐른 뒤에도 그는 그때 성과를 이야기하며 "내가 없었으면 이 회사가 이렇게 클 수 있었겠냐"고 말했다. 문제는 그 사이 회사는 변했고, 시장도 변했다는 것이다. 그는 여전히 과거의 영광에 머물러 있었고, 그 결과 지금은 팀원들에게 옛날 이야기만 하는 사람으로 통하게 되었다.

성과는 소비재와 같다. 화려하지만 유통기한이 짧다. 과거의 성과를 우려먹는 순간, 조직은 그 사람을 현재보다 '과거의 인물'로 바라보게 된다. 지속적인 가치를 남기고 싶다면, 그 성과를 경영의 시야로 확장해야 한다. 다시 말해, '성과'로 인정받은 다음에는 '경영'의 길을 고민해야 한다.

성과 그 이후, 어떤 전환이 필요한가?

좋은 성과를 냈다면 이제 두 가지 질문을 스스로에게 던져야 한다.

이 성과를 팀의 시스템으로 남길 수 있는가?
이 성과를 다른 사람도 재현할 수 있도록 구조화할 수 있는가?

예를 들어, 어떤 직원이 영업 실적 1위를 했다면, 단순히 '내가 잘했다'는 데서 끝나지 말아야 한다. 내가 썼던 영업 전략, 고객 응대 방식, 자료 정리법 등을 매뉴얼화하거나 후배들에게 코칭할 수 있어야 한다. 이것이 경영의 시작이다. 성과가 개인의 전유물이 아니라 조직의 자산이 되는 순간, 비로소 당신은 성과를 경영으로 연결한 셈이다.

회사도 개인도 '지속가능성'이 답이다

한 회사가 10년을 넘어 30년, 50년 유지되려면 단기 성과에만 집착해서는 안 된다. 개인도 마찬가지다. 연차가 높아졌다면 단순히 성과로만 인정받는 시기는 지났다. 그 다음으로 경영의 안목과 책임감이 필요하다. 타인의 성과를 이끌어내고, 조직의 방향성을 고민하고, 리스크를 예측하고 대비하는 능력이 중요해진다. 지속가능한 커리어는 계속 성과를 내는 사람이 아니라, 성과를 넘어 경영을 고민하는 사람에게 주어진다.

- 성과는 현재형, 경영은 미래형이다. 눈앞의 결과를 넘어 더 긴 호흡이 필요하다.

- 과거 성과에 안주하지 말고, 그것을 구조화해 조직의 자산으로 전환하라.

- 성과 이후에는 경영적 시야와 시스템화 역량이 중요하다.

- 지속가능한 커리어는 성과에서 경영으로 바통을 넘긴 사람에게 주어진다.

미수금 관리가
곧 성과 관리다

영업관리자가 꼭 챙겨야 할 가장 중요한 포인트

직장생활을 하다 보면 '일을 잘한다'는 평가를 받기 위해 다양한 기준을 떠올리게 된다. 고객 응대, 실적 목표, 기획력, 팀워크 등도 물론 중요하다. 그러나 영업조직에서 부하 직원을 관리하는 입장에 있다면, 이 모든 기준을 뛰어넘는 절대적 기준이 하나 있다. 바로 '미수금'이다.

영업부서에서는 계약을 체결하고, 납품을 하고, 고객 응대를 잘하는 것도 중요하지만, 그 모든 과정을 관통하는 진짜 성공의 지표는 결국 돈을 받아냈느냐다. 아무리 멋진 제안서를 썼고, 경쟁 PT에서 이겼으며, 고객이 만족했다 해도, 돈을 못 받으면 그건 성과가 아니라 헛수고다.

"성과입니까, 손실입니까?"

한 번은 이런 일이 있었다. 어느 대리점과의 거래에서 A대리는 대규모 프로젝트를 수주했고, 전사적으로 큰 기대를 모았다. 제품은 납품됐고, 설치도 완료됐다. 문제는 이후였다. 계약 조건에 따라 마지막 잔금 30%가 들어와야 했지만, 고객사가 내부 사정으로 계속 결제를 미루는 상황이 벌어진 것이다. A대리는 고객과 관계도 좋고 일을 잘 마무리했다고 자평했지만, 결국 3개월이 지나도 돈은 들어오지 않았다.

그 프로젝트는 '매출'로 집계됐지만, 회계상으로는 '미수금'으로 남았다. 회사 입장에서는 이미 제품이 나갔기 때문에 비용은 다 나간 상태고, 돈은 아직 받지 못한 상태다. 결국 A대리는 일을 잘한 사람이 아니라, 손실을 유발한 사람처럼 평가받았다. 그 해 인사고과에 치명적이었다.

성과는 입금으로 완성된다

영업에서 가장 중요한 마무리는 계약서에 도장이 아니라, 회사 통장에 돈이 입금되는 순간이다. 이를 명확히 인식하지 않으면, 부하 직원들은 수주만 목표로 삼게 되고 '성과 착시'에 빠질 수 있다.

이 착시는 생각보다 무섭다. 상사에게는 보고할 실적이 생기고, 사내 인트라넷에 성과 소식이 올라가고, 심지어 포상까지 받는다. 하지만 몇 개월 후, 고객사가 파산하거나 미수금 회수가 어렵다는 판단이 내려지면 그건 '성과'가 아니라 '리스크'로 바뀐다. 특히 요즘처럼 유동성이 빠르게 바뀌는 환경에서는 더더욱 그렇다.

따라서 영업팀을 이끄는 관리자는 부하 직원에게 다음 세 가지를 반드시 주입시켜야 한다.

1. **계약 전 '수금 가능성' 체크:** 계약 성사에 눈이 멀어 고객의 재무 상황이나 결제 프로세스를 등한시하면 안 된다. 특히 신생 기업이나 사업 구조가 불안정한 회사와의 거래는 수금 리스크가 크다. 영업 담당자는 계약 전에 반드시 고객사의 결제 루틴, 자금 사정, 과거 거래 이력 등을 검토해야 한다. 실적 욕심에 눈이 멀면 팀 전체가 피해를 본다.

2. **납품일보다 중요한 건 '입금일':** 영업 담당자들이 종종 착각하는 게 납품이 끝났다고 일이 끝난 줄 아는 것이다. 하지만 납품 이후가 진짜 시작이다. 고객사 결제 스케줄에 따라 꾸준히 커뮤니케이션을 이어가고, 내부 회계부서와 협조해 결제 예정일을 확정 지어야 한다. 한 팀장은 모든 영업직원에게 이런 말을 반복했다고 한다. "네가 회사를 위해 벌었다고 말하고 싶으면, 통장에 입금되었을 때 말해라."

3. **미수금은 '빨리' 챙길수록 쉽다:** 미수금은 시간이 갈수록 회수 가능성이 떨어진다. 초기에 적극적으로 챙기지 않으면, 고객사의 자금 상황이 악화되거나 거래가 끊기면서 결국 손실로 돌아온다. 부하 직원들에게 "납품 다음 날부터 미수금 체크리스트를 돌려라"는 루틴을 정해주는 것도 좋은 방법이다. 어느 영업관리자는 '매출보다 미수금 회수율이 인사고과의 기준'이라고 명시해 팀을 운영했고, 놀라운 성과를 냈다.

요약 정리   — ▢ ✕

- 성과는 계약도장 찍는게 아니라 '입금'으로 완성된다.

- 계약 전에는 고객의 수금 가능성부터 체크하라.

- 미수금은 시간이 지날수록 회수율이 떨어진다.

- 부하 직원에게 수금 책임감을 심어줘야 조직이 안전하다.

보고의 요령
– 보고 하나에도 성과가 갈린다

"대표님 지금 확인 중입니다", "부장님 내일까지 드리겠습니다."

이런 보고를 자주 듣는 상사의 머릿속은 복잡해진다. '지금까지 뭘한 거지?', '그럼 내일은 확실한가?', '내가 먼저 물어보지 않았다면 그냥넘어갈 생각이었나?' 자연스레 신뢰는 떨어지고, 불안은 커진다.

보고는 단순히 상황을 알려주는 행위가 아니다. 보고는 업무에 대한이해, 커뮤니케이션의 민감도, 책임감, 심지어 성과관리 능력까지 드러나는 종합 평가의 장이다. 특히 직장 생활에서는 '어떻게 일하느냐'보다'어떻게 보고하느냐'가 성과의 인상을 좌우하는 경우도 많다. 그렇다면제대로 된 보고는 어떻게 해야 할까?

팩트만 말하라 – 감정은 줄이고, 근거는 더하라

보고에서 가장 중요한 것은 팩트다. 많은 직원들이 보고에 자신의 해석과 감정을 섞는다. "요청하신 자료를 최대한 성의 있게 준비해봤습니다", "그 고객은 좀 까다로워서…" 이런 말들은 보고의 신뢰도를 떨어뜨린다. 상사는 감정이 아니라 '진행 상황'을 알고 싶어 한다. 결과를 보여주고, 근거를 제시해야 한다.

예를 들어, "A사와의 제휴 건은 내부검토 중으로 회신은 이번 주 금요일로 예정돼 있습니다. 회신 오면 바로 공유드리겠습니다." 이렇게 명확한 시점과 현황, 후속계획이 담긴 보고가 이상적이다.

결론부터 말하라 – 요점을 먼저 꺼내야 듣는다

직장인은 바쁘고, 상사는 더 바쁘다. 결론을 뒤에 숨겨두고 장황한 배경 설명부터 시작하는 보고는 듣는 사람을 지치게 만든다. "저희가 지난 주부터 이 프로젝트에 들어갔고요, 중간에 고객 요청도 있었고 내부 조율도 좀 필요해서…" 이런 보고는 핵심을 놓치게 만든다. 상사는 속으로 '그래서 결론이 뭐야?'라는 생각을 반복하게 된다.

효율적인 보고는 이렇게 시작한다. "보고드립니다. A프로젝트는 일정대로 진행되고 있으며, 현재까지 지연 요인은 없습니다. 단, 다음 주 고객 미팅 이후 일정 변경 가능성이 있어 미리 공유드립니다." 이처럼 결론 – 이유 – 대응의 흐름으로 정리하면 보고받는 입장에서도 빠르게 상황을 이해하고 판단할 수 있다.

묻기 전에 먼저 보고하라 – 타이밍이 모든 것을 바꾼다

보고의 타이밍은 인상에 큰 영향을 미친다. 보고는 '상사가 묻기 전에' 먼저 해야 한다. 상사가 먼저 묻는다면 이미 불안과 불신이 시작된 것이다.

특히 문제가 발생했을 때는 더욱 그렇다. "문제가 생겼지만 아직 해결 중이라 보고는 미뤘다"는 말은 치명적이다. 보고는 문제가 해결된 뒤에 하는 게 아니라 문제가 생겼을 때 즉시 알리는 것이다. 그게 신뢰를 만든다.

한 부서장이 겪은 실제 사례가 있다. 프로젝트 일정이 지연될 가능성이 생기자, 담당 직원이 먼저 그 가능성을 보고하며 대안을 제시했다. 결과적으로 지연은 발생하지 않았고, 상사는 "이 친구는 문제를 미리 읽고 대응하는 능력이 있다"고 평가하며 핵심 프로젝트에 다시 배정했다. 선제적 보고는 리스크 대응뿐 아니라 자신의 신뢰를 높이는 기회이기도 하다.

서면은 정리력, 구두는 전달력 – 보고 방식에도 전략이 있다

보고는 구두로 할 수도 있고, 문서로 할 수도 있다. 중요한 건 상황에 맞게 전략적으로 선택해야 한다는 점이다.

서면 보고는 체계적 정리가 필수다. 상사는 문서를 보면서 '이 사람이 얼마나 논리적으로 정리할 수 있는 사람인지'를 판단한다. 그래서 요약, 항목화, 시간 흐름에 따른 배열 등이 중요하다.

반면, 구두 보고는 전달력과 요약력이 중요하다. 눈을 보고, 간결하고 명확하게 전달해야 한다. 특히 5분 이상 넘기는 보고는 듣는 사람의 집중력을 떨어뜨릴 수 있다. 가능하면 핵심은 1~2분 안에 끝내고, 상세내용은 질문에 따라 보충하는 방식이 좋다.

요약 정리   — □ ✕

- 팩트 중심 – 감정보다 사실과 근거를 전달하라.

- 결론 우선 – 요점부터 말하라. 이유는 그 다음이다.

- 선제적 보고 – 묻기 전에 먼저 보고하라.

- 문제도 보고 대상 – 해결된 일만 보고하지 말고, 문제 발생 즉시 공유하라.

- 형식도 전략이다 – 문서에는 정리력을, 구두에는 전달력을 담아라.

피드백이
성과의 길목이다

회사에서 일을 잘한다는 평가는 결과 하나만으로 결정되지 않는다. 오히려 과정 중에 어떻게 커뮤니케이션했는지, 얼마나 유기적으로 협업했는지가 더 중요하게 평가되기도 한다. 그 중심에 있는 것이 바로 '피드백'이다.

피드백은 단순히 상사에게 보고하는 행위만을 뜻하지 않는다. 상사와의 대화를 통해 방향을 정교하게 조율하고, 불필요한 낭비를 줄이며, 예상치 못한 리스크를 사전에 줄이는 성과를 위한 커뮤니케이션 기술이다.

'일 시킨 사람'이 먼저 물어보게 만들지 마라

어느 날 이런 일이 있었다. "A업체 이사님 전화번호를 줄 테니 한 번 상담해봐"라고 지시한 후 며칠이 지나도록 아무 말이 없길래, 먼저 "그건 어떻게 됐지?"라고 물어봤다. 그제야 "아, 통화했습니다. 일단 검토해

본다고 하네요."라는 답변이 돌아왔다. 순간 속으로 이렇게 생각했다. '이 친구는 센스가 없구만.'

피드백은 상사를 위한 게 아니라 나 자신을 위한 것이다. 신뢰는 피드백을 통해 쌓이며 다음 기회는 신뢰 있는 사람에게 주어진다. 아직 결과물이 없더라도 "오늘 연락드렸고, 통화는 했습니다. 아직 검토 중이라 다음 주쯤 다시 한번 확인드릴 예정입니다"처럼 과정을 공유하면 상사도 안심하고 일을 맡긴다.

피드백은 습관이다. 그리고 존중이다

상사를 향한 피드백은 단순히 보고를 넘어서서 상사를 일의 파트너로 대우하는 태도다. 일이 크든 작든, 어떤 형태로든 피드백을 하는 습관을 가지는 직원은 조직에서 신뢰를 얻고, 더 큰 기회를 부여받는다.

실제로 내가 아끼는 한 팀장은 언제나 보고가 빠르다. "지시하신 건 진행 중입니다. 지금까지는 이런 흐름이고, 이런 이슈가 있어서 대안을 이렇게 생각하고 있습니다"라고 중간 피드백을 올린다. 심지어 "아직 진행 전입니다. 오늘 오후에 통화 예정입니다"라는 보고도 빠트리지 않는다. 결과적으로 그는 성과도 좋지만, 무엇보다 불확실성이 적고 안정감이 있다는 인상을 준다.

피드백을 잘하는 사람 vs 피드백을 안 하는 사람

구분	피드백을 잘하는 사람	피드백을 안 하는 사람
상사 입장	맡기면 믿음이 간다	항상 결과가 궁금하다
팀워크	협업이 수월하다	소통 단절로 리스크 발생
평가 시	주도적으로 일하는 이미지	지시 없이 못 움직이는 느낌
신뢰도	업무 외 다른 일도 맡기고 싶다	한정된 일만 맡긴다

성과보다 과정의 소통이 먼저다

성과가 아무리 좋더라도 그 과정이 불투명하면 평가받기 어렵다. 반대로 성과가 조금 부족하더라도 과정을 투명하게 공유하고, 문제점을 중간중간 조정해갔다면 팀워크와 조직 적응력 측면에서 훨씬 높은 평가를 받을 수 있다. 그 과정이 '피드백'이다.

일 잘하는 사람은 단순히 성과만 내는 사람이 아니다. 성과가 만들어지는 길목마다 상사와 대화하고 방향을 확인하는 사람이다. 특히 요즘처럼 비대면, 리모트 환경이 많아진 시대일수록 피드백의 중요성은 더 커지고 있다.

요약 정리 ━ ▢ ✕

- 피드백은 상사에 대한 존중이자, 자신의 성실함을 드러내는 습관이다.

- 상사가 먼저 묻기 전에 피드백하라. 그게 신뢰를 만드는 기본이다.

- 성과 못지않게 '과정'에 대한 공유가 평가와 성장을 좌우한다.

- 작은 피드백 하나가 다음 기회를 결정짓는다.

고객과의
논쟁

"내 목에 칼을 들이대도 아닌 건 아니다." 한 번쯤은 들어봤을 법한 이 말은, 조선시대의 선비가 했을 법한 강직한 신념을 담고 있어 남자답고 멋지게 느껴질지도 모른다. 실제로 이런 말을 하는 이들을 보면, 자신만의 신념과 기준이 분명하고 그 신념 앞에서 타협하지 않으려는 강한 의지를 읽을 수 있다.

하지만 직장생활, 특히 고객을 상대하는 일을 오래 해본 사람이라면 이 말이 꼭 현명하다고는 말하지 않을 것이다. 멋있을지는 몰라도, 그 멋이 조직과 자신의 성과에 어떤 영향을 미치는지를 냉정히 따져보면 그게 반드시 정답은 아니라는 걸 깨닫게 된다.

나는 오랜 기간 관급 사업을 수행해왔고, 그 과정에서 수많은 고객과 감독관, 감리와의 협업을 경험해왔다. 실무의 깊이에서는 우리 회사의 전문 엔지니어들이 훨씬 더 많은 지식과 기술력을 가지고 있었다. 그래서 그들은 항상 정확한 정보와 올바른 기준을 바탕으로 고객과 대화하려 했다.

사회생활 생존키트

문제는 그다음이었다. 논리적으로는 완벽히 옳았지만, 정작 고객은 불쾌해하거나 설득되지 않았던 것이다. 왜일까? 논리에서는 이겼지만, 영업적으로는 실패한 것이다.

고객은 논리로 이기려는 상대가 아니라, 관계를 쌓아야 하는 파트너

한 번은 이런 일이 있었다. 관급 현장에서 기술적 사안에 대해 의견 차이가 생겼다. 우리 측 엔지니어는 법적 기준과 기술 매뉴얼까지 인용하며 감독관에게 설명했다. 틀린 말은 하나도 없었다. 오히려 지나칠 정도로 정확했다. 하지만 결과는 좋지 않았다. 고객의 표정은 굳었고, 회의가 끝난 뒤 우리에게 돌아온 피드백은 '고압적이다', '고집이 세다'였다.

그 이후 나는 직원에게 말했다. "맞는 말을 한다고 반드시 상대가 수긍하는 건 아니야. 때로는 져주는 게 이기는 거야."

동양 철학에는 '이기려는 자는 지고, 지는 자는 이긴다'는 말이 있다. 우리가 고객과의 논리 싸움에서 승리하는 순간, 오히려 관계는 멀어진다. 그 한 번의 승리가 오랜 협업을 어렵게 만들 수도 있다.

지더라도 잘 지는 것이 진짜 실력이다

고객이 꼭 정답만 원하는 것은 아니다. 때로는 공감과 배려를 원한다. 고객의 입장을 먼저 이해하고, 때로는 우리가 한 발 물러남으로써 고객이 체면을 지킬 수 있게 도와주는 것이 진짜 능력이다. 고객은 그런 파트너를 기억하고 다시 찾는다.

영업은 '성공하는 설득'이 아니라 '상대가 스스로 납득하게 만드는 대화'다. 그렇게 하기 위해서는 때로는 고개를 숙일 줄도 알아야 하고, 한 걸음 뒤로 물러설 줄도 알아야 한다. 그것이 단순히 굽히는 것이 아니라 성과를 위한 전략임을 아는 것이 사회생활의 지혜다.

요약 정리   — ▢ ✕

- "아닌 건 아니다"는 멋있지만, 현명하지 않을 수 있다. 직장에서는 신념보다 관계와 결과가 더 중요할 때가 많다.

- 논리로는 이기지만 영업으로는 실패할 수 있다. 고객을 말로 이기면 순간은 기분 좋을지 몰라도, 장기적으로는 관계에 금이 간다.

- 져주는 것이 오히려 이기는 전략이다. 고객에게 한 발 양보함으로써 오히려 더 큰 신뢰를 얻을 수 있다.

- 진정한 실력은 '지더라도 잘 지는 법'을 아는 것이다. 논리와 자존심보다는 관계와 성과에 초점을 맞추자.

클레임 발생 시
문제를 풀 줄 아는 사람

회사 생활을 하다 보면 크고 작은 클레임을 마주하게 된다. 특히 시공, 제조, 납품과 같이 결과물이 명확한 산업일수록 클레임은 피할 수 없다. 그럴 때마다 중요한 건 잘못을 따지는 것이 아니라 '상황을 풀어내는 기술'이다.

한 번은 공사 현장에서 누수 문제가 발생했다. 현장감독이 관련된 우리 회사와 시공회사, 자재업체를 불러놓고 물었다. "누구 책임입니까?" 그때 누군가가 이렇게 답했다. "저쪽 시공회사 문제입니다."

이건 미숙한 대응이다. 순간은 시원할지 모르지만, 시공회사가 반발할 것이 뻔하다. 책임공방으로 빠지면 감정의 골만 깊어지고 문제 해결은 멀어진다. 결국 고객만 더 불쾌해진다. 이때 고수의 대응은 다르다. "저희 제품은 품질 검수를 마친 정품입니다. 하지만 혹시 현장 조건과 맞지 않았을 가능성도 있으니, 함께 원인을 면밀히 점검해보겠습니다."

이렇게 말하면 책임은 피하면서도 문제 해결의 의지를 보여준다. 누구 하나를 지목해 몰아세우는 대신, '같이 해결하자'는 메시지를 던지는 것이다. 이 말 한마디로 분위기는 완전히 달라진다.

문제를 푸는 사람 vs 문제를 만드는 사람

클레임 상황에서 누군가를 몰아세우거나, 무조건 방어부터 시작하는 태도는 사태를 악화시킨다. 잘잘못은 나중에 따져도 된다. 우선 현장을 수습하고, 고객의 감정을 진정시키는 것이 우선이다. 책임보다도 관계를 우선시해야 한다.

한 부장급 직원이 새로 들어온 대리에게 이렇게 조언했다. "책임 따지는 건 변호사가 하는 일이야. 우리는 고객과 일하는 사람이지, 법정에서 싸우는 사람이 아니라고 생각해."

이 말은 진심이었다. 고객이 화가 났을 때는 이미 감정이 상해 있다. 그 상황에서 "그건 저희 탓 아닙니다"라고 말하면, 설령 팩트가 맞더라도 상대는 절대 수긍하지 않는다. 오히려 기분이 더 상할 뿐이다.

문제를 고객의 입장에서 보기

클레임은 단지 기술적인 문제일 수도 있고, 일정 지연이나 커뮤니케이션의 문제일 수도 있다. 그런데 많은 직원들이 클레임을 '공격'으로 받아들여 '방어'로 대응한다. 이게 가장 흔한 실수다. 클레임은 사실상 고객이 우리를 믿고 기대하고 있다는 방증이기도 하다.

고객의 입장에서 보면 누군가가 내 현장에 문제가 생겼는데, 아무도 책임지려 하지 않고 서로 미루고 있다면 얼마나 답답하겠는가. 이럴 때 "제가 일단 현장을 살펴보겠습니다", "지금은 고객께 불편을 드렸다는 점만큼은 분명하니, 그 부분 먼저 사과드립니다" 같은 태도가 진짜 프로다.

해결을 위한 '언어의 기술'

말 한마디로 상황이 풀릴 수도 있고 더 꼬일 수도 있다. 아래는 현장에서 자주 쓰이는 말 중에 '피해야 할 표현'과 '좋은 대안'을 정리해보았다.

피해야 할 표현	바람직한 대안 표현
"그건 우리 문제 아닙니다."	"저희 쪽에서도 확인해보겠습니다."
"저쪽에서 잘못한 거예요."	"협력사의 과정도 함께 점검해 보겠습니다."
"이건 어쩔 수 없습니다."	"다음엔 이런 일이 없도록 방안을 고민하겠습니다."
"자료를 주세요, 그럼 검토해볼게요."	"자료를 주시면 언제까지 어떤 방식으로 회신드리겠습니다."

클레임은 위기이자 기회다

클레임이 난 상황은 위기처럼 느껴지지만, 실제로는 고객의 신뢰를 더 크게 얻을 수 있는 기회이기도 하다. 문제를 잘 풀어낸 뒤 고객으로부터 "그래도 당신 회사는 믿을 수 있다"는 말을 들었다면 이미 절반은 성공한 것이다. 고객은 완벽한 제품이나 서비스보다도, 문제가 생겼을 때 책임 있게 대응하는 파트너를 더 신뢰한다. 실제로 초기 제품 문제가 생겼음에도, 빠른 대처와 진심 어린 사과로 관계가 더 끈끈해져 오히려 장기 계약으로 이어진 경우도 있다.

요약 정리   — ☐ ✕

- 책임보다는 해결에 집중하라. 문제 상황에서는 먼저 관계와 감정을 다스리고, 책임 소재는 나중에 확인하라.

- 감정보다 언어가 앞서야 한다. 방어적 언어보다 협력적 언어를 선택하라. 말 한마디가 전체 분위기를 바꾼다.

- 고객을 동료처럼 대하라. 문제를 같이 풀어가는 동반자로 인식시키는 것이 중요하다.

- 클레임은 오히려 신뢰를 얻을 수 있는 기회다. 상황을 잘 수습하면 관계는 더 단단해진다.

하향평준화의 늪에서 벗어나라
– 조직 성장의 조건은 개인의 성장

직장에서 구성원 개개인의 역량은 조직의 미래를 결정짓는 핵심 자산이다. 기업이 아무리 좋은 전략과 시스템을 갖췄다고 하더라도, 그 전략을 실행할 주체인 사람이 제자리에 머물러 있다면 조직의 성장은 기대할 수 없다.

우리가 가장 두려워해야 할 것은 바로 '하향평준화'다. 조직이 커질수록, 팀원 수가 늘어날수록 종종 이런 현상이 벌어진다. 의욕적인 한두 명에게만 일이 집중되고, 나머지는 수동적으로 업무에 참여하거나 스스로의 성장을 멈춰버리는 것이다. 이런 상태가 계속되면 결국 전체 조직의 평균 역량이 떨어지며, 결과적으로는 성과 역시 함께 주저앉는다.

이런 현상을 설명하는 대표적인 심리학 이론이 '링겔만 효과(Ringelmann effect)'다. 프랑스의 농업공학자 막스 링겔만(Max Ringelmann)은 줄다리기 실험을 통해 팀원이 늘어날수록 개인의 기여도가 오히려 감소한다는 사실을 발견했다. 예를 들어 혼자 줄을 당길 때 100의 힘을 내던 사람이 두 명이 되면 93씩, 세 명이 되면 85씩 힘을 쓰고, 네 명 이상이 되면 그 수치는 더욱 급감한다. 책임이 분산될수록, 자신의 노력이 덜 중요해진다고 느끼기 때문이다.

이 현상은 실제 업무 현장에서도 자주 나타난다. 예를 들어, 한 프로젝트팀에 다섯 명이 배정되었다고 하자. 리더가 똑부러지고, 한두 명의 고성과자가 있다면, 나머지 구성원은 자연스럽게 '나는 서포트만 하면 되겠지'라고 생각하기 쉽다. 하지만 이런 방식은 팀 전체의 잠재력을 제한하며, 장기적으로는 업무 몰입도와 만족감마저 떨어뜨린다.

따라서 조직은 팀 단위의 목표 외에도 개인 단위의 목표를 병행해 설정해야 한다. 단순히 '우리 팀은 이번 분기 매출 100억을 달성하자'는 목표만으로는 부족하다. 이 안에 반드시 개인별로 나눠진 '소목표'가 함께 존재해야 한다. '이 과장은 30억, 저 대리는 20억, 신입사원은 10억'처럼 각자의 역할과 수준에 맞는 목표가 있어야 한다. 이렇게 해야만 누가 성과에 기여했는지 명확해지고 각자의 동기도 유지된다.

한 건설회사에서는 프로젝트 관리팀의 팀원 수를 항상 4인 이하로 유지한다. 이유는 단순하다. 사람 수가 늘면 책임감이 희석되고, 커뮤니케이션도 복잡해지기 때문이다. 대신 각 팀원에게는 명확한 개인 역할과 성과 목표가 주어진다. 이 구조 안에서는 누구도 눈치만 보고 버티는 사람이 될 수 없다. 그 결과, 그 회사의 프로젝트 완수율은 업계 평균보다 15% 이상 높았다.

조직 내 개인의 성장 수준은 학습과 성찰의 루틴을 통해 측정할 수도 있다. 정기적인 1:1 코칭 미팅, 피드백 면담, 역량 평가 등이 그 수단이다. 단순히 목표 달성 여부만 보는 것이 아니라, '무엇을 배웠는가', '무엇이 어려웠는가', '다음엔 어떻게 할 것인가'를 함께 점검하는 과정이 중요하다. 이런 시스템이 자리 잡힌 조직은 빠르게 변하는 시장 환경에서도 유연하게 적응하며 성장할 수 있다.

요약 정리

- 조직의 성장은 구성원 개인의 역량 성장과 같다. 개인이 멈춰 있으면 조직도 제자리걸음이다.

- 하향평준화를 경계하라. 링겔만 효과처럼 구성원 수가 늘수록 책임감은 줄어든다.

- 개인 목표 설정은 필수다. 아무리 작은 회사 조직이라도 직급별/개인별 목표를 구체적으로 병행 설정해야 한다.

- 4인 이하 소규모 팀이 효율적이다. 책임소재가 명확해지고 커뮤니케이션 손실이 줄어든다.

- 정기적인 피드백과 학습 점검의 중요성을 잊지 말자. 개인 성장을 위한 체계적인 시스템이 조직 성과를 견인한다.

사각지대를
보라

　한때 화장품 사업을 맡았던 적이 있다. 처음엔 나름 자신이 있었다. 외국 브랜드에 뒤지지 않는 품질, 감각적인 디자인, 무엇보다 열정과 추진력이 있었기 때문이다. 그런데 시장에 발을 들여놓자마자 벽에 부딪혔다. 그 벽의 이름은 '레드오션'이었다.

　당시 국내 기준으로 책임판매업자가 무려 3만 개, 제조업체는 5,400개에 달했다. 치열하다 못해 포화 상태인 시장이었다. 화장품 브랜드 한 번쯤 만들어봤다는 사람은 어디 가든 만날 수 있을 정도였다. SNS 마케팅으로 반짝 성공하는 브랜드도 있었지만, 그것도 잠깐. 다음 시즌이 되면 또 다른 브랜드가 그 자리를 차지했다.

　이때 내 머리에 떠오른 것은 제2차 세계대전 당시 수학자 '아브라함 왈드'의 이야기였다.

　전쟁 당시 미군은 전투에서 돌아온 전투기들의 탄흔을 분석해 어디를 보강해야 할지 고민했다. 돌아온 비행기에는 날개와 꼬리, 동체에 집중적으로 총탄 자국이 있었다. 다들 당연히 그 부분을 보강해야 한다고

생각했다. 하지만 왈드는 정반대의 결론
을 내린다.

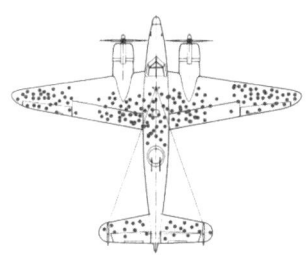

총알 맞은 전투기 사진

"그 부분은 총을 맞고도 돌아온 부위
이니 오히려 괜찮다. 안 돌아온 비행기,
즉 격추된 비행기들은 중요한 부분 —
엔진이나 조종석 — 에 총탄을 맞았을 것
이다. 보강은 바로 그 보이지 않는 곳에 해야 한다."

이 일화는 '생존 편향(Survivorship Bias)'이라는 개념으로 널리 알려
져 있다. 이는 성공한 사례만을 보고 따라하려는 함정에 빠질 수 있다
는 것을 경고한다. 화장품 시장에서도 마찬가지였다. 성공한 브랜드만
보면서 '우리도 이렇게 하면 되겠지'라고 생각하기 쉽지만, 그 뒤로 수많
은 실패 브랜드들이 조용히 사라져갔다는 것을 간과한 것이다. 그들의
흔적은 뉴스에도, 블로그에도, 유튜브에도 없다.

비단 화장품 산업뿐만이 아니다. 스포츠계나 연예계도 마찬가지다.
우리는 스타만 본다. 축구선수 손흥민의 화려한 골과 광고 모델 활동만
기억할 뿐, 그가 어릴 적 새벽마다 동네를 달리고 수천 번의 슈팅 연습
을 했다는 사실은 쉽게 잊는다. 오디션 프로그램에서 1등을 한 연습생
의 스토리는 부각되지만, 함께 경쟁하다가 묵묵히 탈락한 수많은 연습
생의 땀과 눈물은 수면 아래로 가라앉는다. 이렇듯 성공은 일부의 결과
물일 뿐, 그 과정을 보지 않으면 진짜 실체를 오해하기 쉽다.

당시 나는 화장품 사업을 다시 들여다보기로 했다. 기존 시장에 넘쳐

나는 기초 화장품류는 일부만 유지를 하는 대신 바이럴 마케팅이 가능한 세상에 없는 화장품을 찾았고 파는 방식도 다변화하는 데 집중했다. 물론 지금도 진행형이기는 하지만 반드시 되는 방법을 찾아서 우리의 노력에 대한 결실을 반드시 거두리라는 사명감은 높아졌다.

그때 깨달았다. 괄호 안만 보지 말고 괄호 밖을 봐야 한다는 사실을. 직장생활도 이와 크게 다르지 않다. 실적이 좋고 상사에게 칭찬받는 동료만 바라보다 보면, 자칫 나의 관점이 좁아질 수 있다. 어떤 직원은 눈에 띄지 않지만 묵묵히 회사의 기반을 다지고 있다. 또 어떤 일은 지금은 티가 안 나지만, 몇 달 후 회사에 큰 영향을 미칠 수 있는 씨앗일지도 모른다. 중요한 건 눈에 보이는 것만을 기준으로 판단하지 않는 통찰이다.

요약 정리　　　　　　　　　　　　　　　　　　　　　— ☐ ✕

- 레드오션에서는 '따라 하기'보다 '피해가기'가 더 전략적일 수 있다.
- 성공 사례만 좇으면 생존 편향에 빠진다. 실패의 흔적에도 배움이 있다.
- 회사에서도 눈에 띄는 성과뿐 아니라, 보이지 않는 기여에도 주목하라.
- '괄호 안'이 아닌 '괄호 밖'을 보려는 시도, 그것이 진짜 전략이다.

'돈 되는 건
사람 빼고 다 판다'

우리 회장님이 종종 회의 중에 던지시는 말씀이 있다. "나는 돈 되는 건 사람 빼고 다 팔아." 처음엔 웃자고 하는 말인 줄 알았다. 하지만 시간이 지나고 조직을 운영하면서 그 말 속에 담긴 현실의 냉정함과 통찰에 자주 고개를 끄덕이게 된다.

문득 한 대학 강의에서 있었던 일화가 떠오른다. 어느 교수님이 수업 시간에 다음과 같은 과제를 냈다.

"조별로 5만 원을 줄 테니, 일주일 동안 이 돈을 가장 많이 불려오세요. 그리고 그 과정을 발표하세요. 가장 창의적이고 결과가 뛰어난 조에게는 A학점을 주겠습니다."

실제 사례는 이렇다. A조는 장미꽃 100송이를 도매로 사서 길거리에서 팔았다. 총 매출 10만 원, 수익은 5만 원. B조는 편의점에서 생수를 대량으로 사서 얼린 뒤, 주말 운동장에서 판매했다. 단가 500원짜리를 1,500원에 팔아 약 10만 원의 수익을 냈다. 둘 다 고전적인 '물건을 싸게 사서 비싸게 파는' 방식이었다.

그런데 C조는 전혀 다른 접근을 택했다. 발표 시간에 조원 중 한 명이 학교 근처 술집 간판 사진을 띄우더니 이렇게 말했다. "이 술집의 시그니처 메뉴는 이겁니다. 분위기는 이렇고, 최근에 인테리어를 리뉴얼했습니다."

교수님이 물었다. "이게 무슨 발표조? 물건을 파는 게 아니라 가게 홍보를 하는 건가요?"

C조의 대답은 이랬다. "맞습니다. 저희는 과제를 받은 그날, 학교 근처의 술집 몇 군데에 직접 제안서를 들고 찾아갔습니다. 발표 시간 10분을 활용해 가게를 홍보해주는 조건으로 20만 원을 받았습니다. 받은 5만 원은 한 푼도 쓰지 않았고, 대신 우리가 가진 자원은 '발표 시간 10분'이었습니다."

교수는 잠시 멈칫하더니, 조용히 고개를 끄덕였다고 한다. 결국 A학점은 C조가 받았다.

이 일화는 단순한 대학 수업의 과제 이상으로 많은 걸 시사한다. 자원을 바라보는 관점의 차이, 기회를 감지하는 능력, 그리고 고정관념에서 벗어난 창의성. 이것이 바로 오늘날 우리가 사회생활에서 '성과'를 내기 위해 필요한 사고방식이다.

보통 사람들은 주어진 자원(위 사례의 경우 5만 원)을 어떻게 '지출'해서 '수익'을 낼지를 고민한다. 하지만 C조는 '시간'이라는 비금전적 자원을 활용했다. 다른 조가 돈으로 물건을 사고 팔 때, 이들은 '영업'과 '제안서'로 돈을 벌었다. 또한 이 사례에서 가장 눈에 띄는 건 바로 자기 자산의 정의를 넓혔다는 점이다. 우리가 가진 건 돈, 물건, 기술만이 아니다. 시간, 네트워크, 아이디어, 발표력, 입지까지 모두가 자산이다.

직장에서도 마찬가지다. 누구는 열심히 일하지만 늘 똑같은 방식으로 성과를 내려 한다. 하지만 어떤 이는 주어진 조건은 같아도 발상의 전환을 통해 탁월한 성과를 낸다.

예를 들어, 영업사원 A는 매일 똑같은 제품 브로셔를 들고 고객을 만나고, 실적은 늘 평균에 머문다. 반면 영업사원 B는 한 번의 상담을 위해 고객사 산업 트렌드를 미리 조사하고, 그 회사가 경쟁사보다 앞서기 위해 어떤 전략을 고민 중일지 역으로 상상해 맞춤 제안을 한다. 같은 회사 직원이지만 한쪽은 '판매자', 다른 한쪽은 '컨설턴트'처럼 움직인다. 당연히 후자가 성과가 크고, 인정을 받는다.

요약 정리   — ☐ ✕

- 자산은 돈만이 아니다. 시간, 네트워크, 지식, 경험, 발표력 등 우리가 가진 모든 것이 자산이 될 수 있다.

- 고정관념에서 벗어나야 성과가 보인다. 물건을 팔지 않아도 돈을 벌 수 있다. 문제는 얼마나 창의적으로 접근하느냐다.

- 성과는 사고의 깊이에서 갈린다. 같은 상황에서도 누군가는 기회를 보고, 누군가는 규칙만 따르며 끝낸다.

- 결과가 아닌 과정의 설계부터 고민하자. 시작할 때부터 '남다른 방식'으로 접근하면 결과도 달라질 수밖에 없다.

'어떻게'보다
'왜'를 먼저 묻는 사람

영업사원이라면 누구나 고민을 많이한다. "어떻게 하면 많이 팔 수 있을까?", "어떻게 하면 클레임 없이 진행될까?", "어떻게 고객을 설득하지?"

이 질문들은 물론 중요하다. 하지만 문제는 출발점이 틀렸다는 데 있다. 이 모든 '어떻게' 이전에 반드시 짚고 넘어가야 할 질문이 있다. 바로, '왜?'다.

고객은 왜 우리 제품을 사는가?

한 신입 영업사원이 내게 "어떻게 하면 이 제품을 잘 팔 수 있을까요?" 라고 물어온 적이 있다. 그때 나는 그에게 되물었다. "고객은 왜 이 제품을 사야 하지?" 그는 잠시 멈칫하더니 이렇게 답했다. "음… 품질이 좋고 가격이 합리적이니까요?"

틀린 말은 아니었지만, 너무 추상적이었다. 그래서 사례를 하나 들어 줬다.

"같은 기능의 냉장고가 두 개 있어. 성능도 가격도 거의 비슷한데, 한 제품은 '전기료를 30% 줄여줍니다'라고 강조하고, 다른 제품은 '세련된 인테리어에 어울립니다'라고 마케팅한다면, 고객은 어떤 기준으로 선택할까?"

이 질문에 그는 말문이 막혔다. 그제야 그는 '왜 고객이 사는지'에 대해 고민하기 시작했다. 그 답이 나와야 제대로 된 '어떻게'가 가능해진다.

연구원도, 기획자도 마찬가지다

제품개발 부서도 마찬가지다. 단순히 '어떻게 만들까?'만 고민하면, 사내에서만 통하는 결과물이 나올 수 있다. 진짜 중요한 건 '왜 고객이 이 제품을 선택하는가?'를 먼저 고민하는 것이다.

내가 아는 한 중견기업의 연구원은 매번 기술개발에 몰두하느라 고객사 반응은 신경도 쓰지 않았다. 그런데 늘 납품 후 반응은 싸늘했다. 그런데 어느 날부터 그는 습관을 바꿨다. 개발 전, 꼭 영업팀과 고객 미팅에 동행해서 '고객의 불편'을 직접 듣는 것이었다. 결과는 어땠을까?

이후 출시한 제품은 출시 3개월 만에 매출 목표를 160% 초과 달성했다. '어떻게 만들까'에서 '왜 필요한가'로 관점을 전환한 것이 결정적이었다.

어떻게 만들까	왜 필요한가
돈 내야 통과할 수 있음	돈 안 내면 가로막음

지하철 개찰구 비교

용도는 비슷하지만 고객 편의성에서는 오른쪽 개찰구가 취지와 맞다.

상사의 지시에도 '왜'가 숨어 있다

상사의 지시도 마찬가지다. 지시가 내려오면 우리는 곧바로 '어떻게 하지?'를 고민한다. 그런데 그 지시의 의도, 즉 '왜 이 업무를 시켰는지'를 이해하지 못하면 가끔은 겉 보기엔 그럴듯해도 실은 잘못된 일을 하게 된다.

예를 들어, 상사가 "이 자료 10장으로 정리해줘"라고 했을 때 정말 숫자만 맞춰서 10장을 채우는 게 목적일까? 그 자료를 누군가에게 프레젠테이션 해야 하니까, 간결하고 이해하기 쉽게 요약해달라는 뜻일 수 있다. 즉, 겉으로 보이는 '일의 형태'보다 그 안에 숨어 있는 '의도'를 먼저 읽는 게 진짜 프로다운 대응이다.

그렇기에 누가 더 똑똑한 '방법'을 찾느냐가 아니라 누가 더 정확한 '의도'를 먼저 파악하느냐에 따라 성과의 차이가 난다. '어떻게'를 고민하는 습관에서 이제는 '왜'를 먼저 물어보는 습관으로 바꿔보자. 일의 본질이 보이고, 그 순간부터 결과는 달라진다.

'왜'를 잘 묻는 사람의 공통점

'왜'를 잘 묻는 사람은 대체로 이런 특징이 있다.

- 문제를 근본부터 본다.
- 방향을 먼저 잡고 방법을 찾는다.
- 상사의 진짜 니즈를 캐치한다.
- 고객이 지갑을 여는 이유를 이해한다.
- 그래서 '성과'가 남는다.

결국 성과 잘 내는 사람들의 공통점은 '똑똑한 실행'이 아니라, '의도에 맞춘 사고'다.

요약 정리 — □ ✕

- '어떻게'보다 '왜'를 먼저 묻자. 실행하기 전에 방향 설정이 중요하다.

- 고객의 구매 이유를 먼저 파악하자. 팔리는 이유를 알면 자연히 잘 팔 수 있다.

- 연구·기획도 고객의 필요에서 시작하자. 기술보다 수요가 먼저다.

- 상사의 지시도 의도부터 파악하자. 지시의 취지를 이해해야 정확한 결과가 나온다.

- '왜'를 묻는 사람은 결국 성과가 빨리 나온다.

3장

스스로

*

깨닫는 시간

그때가
좋았었는데…

　사회생활한 지 30년이 넘으니 종종 그런 생각이 든다. '내 인생의 전성기는 언제였을까?' 많은 사람들이 이 질문 앞에서 한동안 생각에 잠긴다. 일이 편했을 때? 연봉이 가장 높았을 때? 여유가 있었던 시절? 아니다. 대부분은 이렇게 말한다. "성과를 가장 많이 냈던 시절이요."

　나 역시 그랬다. 돌이켜보면, 가장 즐겁고 재미있었던 시기는 역설적이게도 가장 바쁘고 치열하게 일했던 시기였다. 회사에서 실적 우수사원이나 아이디어상으로 선정되며 받았던 순금패가 10개가 넘는다. 하나하나에 얽힌 에피소드와 프로젝트들이 떠오른다. 휴일도 없이, 되는 방법을 찾고자 출근하였고 비전문가이기에 '궁금증 노트'를 써가며 학습하여 전문가들께 조언을 들었다. 그때는 분명히 힘들었다. 그러나 시간이 지난 지금, 그 시기가 가장 좋았다고 회상하게 된다.

성과가 있는 삶은 자기 인생을 설계한 삶이다

성과를 낸다는 건 단지 숫자 하나 올렸다는 의미가 아니다. 성과란 곧 자신의 존재감과 영향력이 사회 속에서 실질적인 결과로 증명되는 순간이다.

어느 신입사원이 이런 질문을 했다. "선배님, 어떻게 하면 직장생활이 재미있어질까요?"

나는 한 치의 망설임도 없이 대답했다. "성과 내봐. 그럼 회사 가는 게 즐거워질 거야. 또 즐겁게 다니면 성과가 나올 거야."

그 말은 진심이었다. 성과를 내면 상사와의 관계도 부드러워지고, 동료들의 시선도 달라지고, 내 스스로도 내 일을 자부심 있게 대하게 된다. 괜히 '보람'이라는 말이 있는 게 아니다. 일의 성과는 곧 자존감의 연료다.

편했던 시절보다 치열했던 시절이 기억에 남는다

정작 오래 기억에 남는 건 편했던 시절이 아니라, 뭔가 해냈던 시절이다. 편한 시절은 기억에는 남지만 '의미'는 남지 않는다. 반대로 치열하게 달렸던 시절은 몸은 고단했을지 몰라도, 가슴에 강렬한 흔적을 남긴다.

과거 함께 일했던 한 동료는 야근을 밥 먹듯이 하던 사람이었다. 업무 강도도 높고, 상사 눈치도 많이 보였던 시절이었지만, 지금 그 동료와 연락하면 항상 그 시절을 그리워한다.

"그때 진짜 힘들긴 했는데, 지금 생각해보면 다시는 못할 만큼 재미있었지."

결국 사람은 자신이 열정을 쏟았던 시간을 '좋았던 시절'로 기억하게 되어 있다.

요약 정리   — ☐ ✕

- 전성기란 언제인가? 성과를 가장 많이 냈던 시기, 내가 가장 몰입했던 시기다.

- 왜 성과가 중요한가? 성과는 존재감을 드러내는 가장 직접적인 방식이며, 자존감의 연료다.

- 편한 시절은 왜 덜 기억에 남는가? 의미가 남지 않기 때문이다. 진짜 기억은 노력과 성취에서 나온다.

- 오늘의 나는? 과거의 내가 만들어 놓은 결과물이다. 오늘을 치열하게 살아야 내일의 전성기를 만들 수 있다.

사회생활 생존키트

연봉에 불만은 없습니다
– 질문이 답을 만든다

    인간은 철저히 사회적인 존재다. 진심보다 이미지가, 사실보다 체면이 우선시되는 경우가 허다하다. 질문을 받았을 때도 마찬가지다. 사람들은 본능적으로 '무엇이 맞는지'보다 '어떻게 보일 것인가'를 먼저 고민한다. 그렇기에 질문은 단순한 의사소통 수단이 아니다. 때로는 본심을 감추게 만들고, 어떤 경우에는 대답을 왜곡하며 결국 진실 자체를 비틀어 놓는다.

    1982년, 미국 캘리포니아 주지사 선거에서 이를 보여주는 대표적인 사건이 있었다. 유색인종 후보였던 토머스 브래들리는 여론조사에서 줄곧 우세를 보였지만 실제 선거에서는 낙선했다. 이 괴리는 '브래들리 효과'라는 이름으로 정치사에 남았다. 출구조사에서 "흑인 후보를 지지했습니까, 백인 후보를 지지했습니까?"라는 질문을 받은 유권자들이 인종차별주의자로 보이기 싫어 흑인 후보를 지지했다고 답한 것이 원인이었다. 그들의 대답은 진심이 아니었고, 질문은 오히려 진실을 가리는 역할을 했다.

이런 현상은 직장 조직에서도 다르지 않다. 과거 내가 근무했던 회사에서도 유사한 일이 있었다. 기획실에서 직원들의 만족도를 조사하며 이런 질문을 던졌다. "직장에서 가장 중요하게 생각하는 요소는 무엇입니까?"

1. 회사의 비전
2. 직원 복지
3. 회사 위치
4. 본인의 연봉

답변은 예상대로였다. 대부분이 1번, '회사 비전'을 골랐다. 왜냐하면 4번을 고르면 마치 돈만 밝히는 사람처럼 보일 수 있기 때문이다. 그리고 이 결과는 곧바로 경영진에게 보고되었다. "직원들은 연봉에 큰 불만이 없고, 회사의 비전을 가장 중시하고 있습니다."

하지만 정말 그럴까? 직원들이 진심으로 비전을 가장 중요하게 생각했을까? 아니면 질문 방식이 그렇게 유도한 것은 아닐까? 만약 "당신은 지금 연봉에 만족하십니까?"라고 직접 물었더라면, 과연 같은 결과가 나왔을까? 아마도 대부분은 불만족이라 답했을 것이다. 질문 하나 바뀌었을 뿐인데, 전혀 다른 진실이 드러났을 가능성이 높다.

질문은 프레임이다. 질문이 방향을 정하고, 방향이 해석을 만든다. 질문이 잘못되면 조직의 진단도 틀어지고 문제의 본질은 흐려진다. 보이는 수치와 응답이 아무리 그럴듯해 보여도 그 속에 담긴 진심을 제대로 들여다보지 못하면 결국 엉뚱한 결론에 도달하고 만다.

"연봉에 불만은 없습니다." 이 말이 진심일 수도 있다. 그러나 대부분의 경우, 그것은 질문이 그렇게 만들었을 뿐이다. 정말로 진실을 알고 싶다면, 무엇을 묻느냐보다 어떻게 묻느냐가 더 중요하다.

요약 정리 — ☐ ✕

- 질문은 단순한 정보 수집이 아니라 대답을 유도하는 힘을 가진 도구다.
- 질문의 방식에 따라 전혀 다른 진실이 만들어질 수 있으며, 그 왜곡된 진실은 조직의 방향과 판단에 치명적인 영향을 미칠 수 있다.
- 듣고 싶은 대답이 아닌, 진짜 진실을 원한다면 질문부터 바꿔야 한다.

너는
과락인생이 되고 싶은가?

회사에서든 인생에서든 늘 빠지지 않고 반복되는 말이 하나 있다. "열심히 했어요."

그 말은 이제 더 이상 평가 기준이 아니다. 당신이 아무리 열심히 해도, 아무리 좋은 마음으로 임해도, 결과가 없으면 아무것도 아니다. 노력은 당연한 것이고, 결과가 있어야 인정받는다. 회사는 당신이 뭘 '했는지'가 아니라 뭘 '냈는지'를 본다.

성과 없는 노력은 아름답지도 않고, 변명이 될 뿐이다. 이건 냉정한 현실이다. 그리고 이 냉정한 현실은 직장에만 적용되는 게 아니다. 인생 전체가 그렇다.

우리는 늘 무언가에 매달려 산다. 일, 가족, 건강, 인간관계, 경제적 안정… 인생에는 수많은 과목이 있다. 그리고 그 과목들은 동시에 시험을 친다. 피할 수도, 미룰 수도 없다. 그중 하나라도 점수가 기준 이하로 떨어지면, 그 순간 전체 인생은 '과락'이 된다.

회사에서 잘 나간다고? 좋아 보인다. 하지만 건강은 엉망이고 가정은 텅 비어 있거나 무너지고 있다면, 그건 명백한 '과락'이다. 돈을 많이 벌고 사회적으로 성공했다고 자랑스러워하는 사람들도 있다. 그런데 가족과는 대화가 단절되고 친구는 한 명도 없고, 혼자 외롭게 식사하며 멍하니 TV만 보는 삶이라면, 그게 정말 성공일까? 그건 성공이 아니라 결핍이다. 당신은 삶이 가득 채워져 있다고 믿지만 사실 진짜 중요한 것들이 빠져나가고 있다는 걸 깨닫지 못할 뿐이다.

예전에 이런 일이 있었다. 회사에 40대 중반의 부장이 한 명 있었다. 일도 잘했다. 부하 직원들과도 잘 지냈고, 누구에게도 밉지 않은 성격이었다. 사회성이 좋고, 조직 안팎에서도 평판이 좋았다. 정말로 모든 게 완벽해 보였다. 그런데 이 친구는 굳이 결혼할 생각이 없었다. 혼자가 편하다는 게 그의 말이었다. 물론 개인의 선택이다. 요즘 같은 시대에 결혼은 필수가 아니다. 누구도 그를 강요할 수 없다.

하지만 나는 진지하게 이야기했다.

"지금은 혼자가 편할 수 있어. 그러나 인생을 길게 보면, 그게 현명한 선택일까? 누군가와 함께 늙어가고, 가정을 꾸리고, 내 DNA를 이어갈 자식도 두면서 소소하고 평범하게 살아가는 것이 결국 더 큰 안정이고 행복일 수 있어."

그리고 말해줬다. "지금 당신은 거의 모든 과목에서 만점을 받고 있어. 그런데 '가정'이라는 과목에서 지금 완전히 빈칸이야. 그건 심각한 과락이 될 수 있어."

그때 그는 웃으며 넘겼지만, 나는 진심이었다. 왜냐하면 그런 빈칸은 언젠가 반드시 인생의 균열로 돌아오기 때문이다. 나중에 외로움으로 찾아오고, 회의감으로 찾아오고, 늦은 후회로 찾아온다. 그때는 돌이키기 어렵다.

사람들은 자주 착각한다. 지금 행복하다고, 지금 불편하지 않다고, 앞으로도 그럴 거라 믿는다.

그건 환상이다. 인생은 긴 여정이고, 당장은 편하지만 나중에는 버거운 선택이 분명히 존재한다. 그걸 애써 외면하면서 과락을 방치하면, 그 대가는 결국 고스란히 돌아온다.

현실을 직시하자. 당신이 아무리 한두 과목에서 잘하고 있어도, 지금 무너져 있는 한 과목이 있다면 전체 인생이 흔들릴 수 있다. 인생이라는 그릇에 물을 아무리 가득 채워도, 금 간 부분 하나에서 그 물은 다 새어나간다. 그리고 당신은 "왜 내 인생은 늘 허전하지?"라는 질문을 하게 된다. 이미 과락이 시작됐다는 신호다.

우리는 이제 스스로에게 물어봐야 한다. "나는 지금 어떤 과목에서 과락을 맞고 있는가?", "나의 인생 그릇은 어디에서 새고 있는가?" 그 질문에서 눈을 돌리지 말자. 뻔한 위로보다, 이 질문에 정직하게 답하는 것이 인생을 바꾸는 첫걸음이다.

요약 정리　　　　　　　　　　　　　　　　　　　　ー ロ ✕

- 인생은 여러 과목으로 구성된 종합 시험과 같다.

- 건강, 가정, 일, 인간관계 중 하나라도 무너지면 전체 인생이 흔들린다.

- 지금 내가 방치하고 있는 과목은 무엇인지, 내 인생에서 물이 새는 지점은 어디인지 점검해야 한다.

- 합격 인생을 만드는 것은 완벽이 아니라 균형이다. 한쪽에 쏠리지 않고 꾸준히 모든 영역을 챙기는 삶을 추구해야 한다.

과정이 중요할까,
결과가 중요할까

"나는 정말 열심히 했어", "밤새 준비했어요." 이런 말은 직장에서 자주 들을 수 있다. 하지만 상사의 머릿속에는 오직 하나의 질문만 남는다. "그래서 결과는?"

어떤 이는 말한다. "과정이 있어야 결과가 나오는 거니까, 과정이 결과만큼이나 중요하지 않나요?" 지극히 타당한 생각이다. 과정은 성장과 배움의 시간이자, 다음 결과를 위한 밑거름이다.

하지만 내 생각은 조금 다르다. 결과가 없는 과정은 헛일이다. 아무리 열심히 해도, 아무리 성실하게 임했어도, 결국 결과로 이어지지 않는다면 그 노력은 인정받기 어렵다. 특히 직장에서는 더 그렇다.

성과 중심의 조직에서는 결과로 말해야 한다. 과정이 좋았다는 이유로 승진하는 사람은 없다. 고객이 제품을 구매하지 않으면, 마케팅 과정이 아무리 정교했어도 실패다. '열심히 했어요'는 공감을 얻을 수는 있어도, 성과로 이어지지 않는다면 그것은 평가의 기준이 되지 않는다.

물론, 과정이 없으면 결과도 없다. 하지만 그 과정은 반드시 결과를 만들기 위한 것이어야 한다. 결과 없는 과정은 자기만족일 뿐이고, 결과로 이어지는 과정만이 가치 있는 경험으로 인정받는다.

현명한 직장인은 안다. 과정에 충실하되, 반드시 결과로 증명해야 한다는 것. 우리가 고민해야 할 질문은 이것이다. "나는 지금, 결과를 만드는 과정에 있는가?"

요약 정리

- 과정은 중요하다. 하지만 결과 없는 과정은 헛일이다.
- 직장에서는 결과가 곧 평가 기준이다.
- 결과를 만들기 위한 과정에 있는지 늘 점검하라.
- 과정과 결과 중 무게 중심은 항상 결과에 둬야 한다.

결국,
나의 천적은 나였다

　직장 생활을 하다 보면 일이 안 풀릴 때마다 변명거리를 찾게 된다. "팀장이 이상해", "회사가 나랑 안 맞아", "저 친구는 운이 좋았을 뿐이야." 어쩌면 이런 말들은 스스로를 위로하기 위한 본능적인 방어기제일지 모른다. 그렇게라도 말해야 마음이 덜 아프고, 자존심도 덜 상하니까.

　하지만 냉정하게 말해보자. 지금 내 모습은 누구 탓도 아닌, 결국 내가 만든 결과다. 좋은 대학을 가기 위해 공부를 한 것도, 취업 준비를 했던 것도, 지금 이 회사를 선택하고 이 부서에서 일하고 있는 것도 전부 내가 내린 결정이었다. 누가 시켜서 한 것 같지만 결국 그걸 받아들인 것도 나다. 심지어 회사를 옮기지 않고 버틴 것도, 월급이 적은 걸 알면서도 여기에 머물기로 한 것도 결국은 내 선택이다.

　세상에서 '나'를 '나'라고 부를 수 있는 사람은 나밖에 없다. 내 인생에서는 내가 주인공이고, 모든 결정권을 가진 전지자다. 그래서 내 인생에서만큼은 '나' 이외의 모든 사람이 조연 또는 엑스트라일 뿐이다. 친구든, 직장동료든, 상사든, 심지어는 친형제나 친부모님조차도 내 인생에서는 '조력자'일 뿐, 주인공은 오직 나다.

내가 어떤 길을 선택할지, 어떤 태도로 하루를 살아갈지, 그 모든 과정의 결정권은 나에게 있다. 그리고 그 결정 하나하나가 모여 지금의 나를 만들었다. 지금 내가 어디에 있는지도, 어떤 모습인지도 전부 과거의 내가 내린 선택의 결과다. 10년 전, 20년 전에 내가 노력했던 바가 오늘의 내 모습이고, 그 노력의 크기와 방향성에 따라 지금의 나를 평가받고 있는 것이다. 그 결과에 대한 책임도, 평가도, 모두 내가 감당해야 한다. 그리고 지금 나는 그 결과에 순응하며 살아가고 있다.

회사 생활에서 자주 듣는 말이 있다. "왜 나만 이렇게 힘들까?" 하지만 직장이라는 곳은 누구에게나 냉정하다. 성과를 내면 인정받고, 결과가 없으면 변명만 늘 뿐이다.

그런데 이상하게도, 성과가 없는 사람일수록 남 탓을 많이 한다. "사수가 제대로 안 가르쳐줘서", "내가 한 일은 티가 안 나서", "내가 성격이 좋아서 이용당해서" 같은 말들. 물론 어느 정도는 맞는 말일 수 있다. 하지만 그게 내 인생 전체를 설명해주지는 못한다.

현실적으로 말하자. 내 인생에서 가장 무서운 적은 상사도, 회사도, 조직 문화도 아니다. 바로 내 안에 있는 게으름, 핑계와 합리화다. '지금은 때가 아니야', '좀 더 준비되면 시작하자', '나중에 하면 되겠지.' 이런 생각들이 내 발목을 잡고 있었던 것이다. 그리고 그 결과가 지금의 모습이다.

20대 때 준비했던 자격증을 결국 미루다 못 땄고, 회사에서 영어 공부를 해야겠다며 책만 사두고 결국 펼치지도 않았다. 승진 대상이 되기 직전까지는 열심히 하다가도, 막상 결정적인 순간엔 스스로를 내려놓고 말았다. 그때마다 문제였던 건 외부 환경이 아니라, 내가 결심을 미루고 행동을 멈췄던 바로 그 순간의 나였다.

그러니 이제는 솔직해지자. 조병화 시인의 「천적」이라는 시에 이런 구절이 있다. "결국, 나의 천적은 나였던 거다" 결국, 나의 천적은 '나'였다는 걸 인정해야 한다. 회사가 나를 몰라준 것이 아니라, 내가 그만큼 명확하게 성과를 내지 못했을 수도 있다. 내가 주도적으로 움직이지 않고, 시키는 대로만 하다 보니 나만의 강점을 드러내지 못했을 수도 있다.

지금의 내 모습이 마음에 들지 않는다면, 그건 지금까지 내가 선택하고 행동한 결과일 뿐이다. 거기서부터 다시 시작하면 된다. 지금부터라도 '내가 만든 한계'와 정면으로 싸워야 한다.

직장생활이라는 건 결국, 내가 얼마나 스스로와 싸울 수 있는가에 달려 있다. 핑계, 나태, 자기합리화… 이런 내 안의 적들과 싸워 이긴 사람만이 성과를 내고, 인정받고, 성장하게 된다. 그 싸움에서 이기는 순간, 비로소 내가 진짜 '나'를 넘어서게 되는 것이다.

지금의 내가 마음에 들지 않는다면, 지금부터 바꾸면 된다. 시작은 밖이 아니라 '내 안의 나'를 바꾸는 것이다.

요약 정리   — ☐ ✕

- 내 인생의 주인공은 오직 '나'다. 부모도, 친구도, 상사도 조연일 뿐이다.

- 지금의 나는 과거 나의 선택과 행동이 만든 결과물이다.

- 외부 탓은 잠시 마음을 편하게 하지만, 문제 해결에는 아무 도움이 되지 않는다.

- 진짜 적은 '나태', '핑계', '합리화'라는 내 안의 감정들이다.

- 성과를 내고 싶은가? 인정받고 싶은가? 그렇다면 남보다 먼저, 나 자신과의 싸움에서 이겨야 한다.

- 과거를 탓하지 말고, 지금부터의 선택과 행동에 책임을 다하라.

- 결국, 나의 최대 적도, 유일한 해결책도 '나'다.

익숙함은 때로 무례하다
– 공기처럼 당연한 것들에 대하여

우리는 날마다 공기를 마시며 살아간다. 숨을 쉬는 순간마다 폐로 들어오는 산소 덕분에 생명을 유지할 수 있고, 그 산소는 아무 대가도 없이 우리 곁에 머무른다. 하지만 우리는 단 한 번이라도 진심으로 공기에게 "고맙다"고 말해본 적이 있었을까?

아마 대부분은 없을 것이다. 이유는 간단하다. 공기는 태어날 때부터 늘 곁에 있었고, 내가 따로 애써서 구한 것도 아니며, 늘 '당연한 것'으로 존재했기 때문이다. 사람은 이상하게도, 가장 절실한 것을 잃기 전까지는 그것의 소중함을 실감하지 못한다. 공기처럼 말이다.

이와 같은 착각은 우리 일상 곳곳에도 숨어 있다. 세상에서 가장 소중한 존재인 어머니에게는 짜증을 내거나 무심한 말투로 상처를 주기도 하면서, 오늘 처음 만난 거래처 사람에게는 웃으며 정중하게 대한다. 우리 삶의 무게를 함께 견뎌주는 가족에게는 '편해서' 툴툴대고, 오히려 사회적인 관계에는 '예의'를 갖춘다. 그 예의와 고마움이 어쩌면 거꾸로 향하고 있는 건 아닐까?

사회생활 생존키트

회사 생활도 마찬가지다. 지금 당신이 다니는 이 회사, 출근할 땐 지겹고 상사 얼굴만 봐도 피곤할 수 있지만, 역설적으로 이 회사는 당신의 삶을 유지시켜주는 '산소' 같은 존재다. 매달 월급이 들어와 가족의 밥상에 반찬이 오르고, 아이의 학원비가 지급되고, 당신의 사회적 신분이 유지된다. 그런데 회사가 주는 이 산소 같은 안정감에 대해, 우리는 진심으로 고마워해본 적이 있었던가?

한 조직에 몸담고 있는 우리는 대부분 하루 8시간 이상을 동료들과 함께 보낸다. 하루의 절반을 회사에서 보내며, 때로는 배우자보다도 더 많은 시간을 함께한다. 그들과 나누는 커피 한 잔, 회의 후의 한숨, 점심시간의 농담은 삶의 일부가 되어간다. 그런데도 우리는 종종 그런 관계에 익숙해진 나머지, 무심해지기 쉽다. 어색한 외부 손님에게는 극진히 대하면서 매일 보는 동료에게는 인사조차 건너뛰는 경우도 있다.

이따금 결핍을 경험하면 비로소 그 소중함을 깨닫는다. 어린 시절, 몽당연필을 다 쓰고 또 깎아가며 아껴 쓰던 기억, 친구가 들고 온 자석 필통 하나에 눈을 반짝이던 그 시절을 떠올려보면, '있는 것'의 소중함을 자연스레 깨닫게 된다. 당시엔 샤프 하나, 가방 하나에도 마음이 흔들리던 우리가, 지금은 너무 많은 것을 가지게 된 대신 감사함은 줄어들고 있다.

회사도 마찬가지다. 그동안 회사가 어떤 방식으로든 나를 지탱해주었고, 지금의 나를 가능하게 해주었다는 사실을 우리는 너무 쉽게 잊는다. 회사를 떠나고 나서야 그 의미를 깨닫는 일이 생긴다면, 이미 늦었을 수도 있다. 현재의 조직, 함께 일하는 사람들, 나에게 주어진 일거리 조차도 결국은 나를 구성하는 아주 중요한 자원이다.

산소는 보이지 않지만 가장 중요한 존재다. 회사도 그렇고, 가족도 그렇다. 보이지 않는 소중함을 알아보는 능력은 직장인에게 꼭 필요한 성숙함이다. 공기처럼 당연한 것들이 사실은 가장 절실한 것이라는 사실. 그것을 잊지 말아야 한다.

고마움은 인식에서 시작된다. 지금 이 순간 숨 쉬고 있다는 사실에, 그리고 오늘도 회사에서 일할 수 있다는 당연한 일상에, 한 번쯤은 '고맙다'고 말해보자. 그 인식 하나가 오늘 하루를 다르게 만들고, 언젠가 당신의 커리어도 훨씬 단단하게 만들어줄 것이다.

요약 정리   — □ ✕

- 공기처럼 당연한 존재는 잊기 쉽다. 우리 곁에 늘 있었던 것일수록 그 가치와 소중함을 자주 간과하게 된다.

- 회사와 동료는 '사회생활의 산소'다. 매달 받는 월급, 함께 일하는 동료, 나의 가정을 지탱해주는 조직의 존재는 절대 가볍게 여겨서는 안 된다.

- 고마움은 결핍이 아니라 인식에서 시작된다. 부족함을 겪지 않더라도, '있는 것'에 감사하는 습관을 들이는 것이 성숙한 직장인의 자세다.

- 보이지 않는 것에 진심을 담자. 공기처럼 당연한 존재들 – 회사, 동료, 가족 – 이야말로 우리의 삶과 커리어를 지탱하는 본질적인 힘이다.

최선을 다한다는 것의
진짜 의미

"최선을 다하고 있어요." 이 말은 누구나 흔하게 하는 말이다. 하지만 '최선'이라는 단어는 생각보다 무겁고, 깊은 의미를 품고 있다. 특히 사회생활을 하는 우리 직장인들에게 '최선을 다한다'는 말은 단순한 위로가 아닌 실질적인 행동의 기준이어야 한다.

한 프로 스포츠 해설자가 이런 말을 한 적이 있다. "진짜 프로는 경기때 최선을 다하는 게 아니라, 연습할 때 최선을 다하는 사람이다."

그 말을 처음 들었을 때는 당연한 이야기처럼 들렸다. 하지만 곱씹어 보면 생각보다 강한 울림이 있다. 실전에서 잘하는 건 누구나 원하는 결과다. 하지만 실전에서의 퍼포먼스는 이미 연습에서 만들어진 결과일 뿐이다. 즉, 겉으로 드러나는 노력보다 드러나지 않는 순간의 태도가 진짜 '프로'의 기준이라는 뜻이다.

이 말은 영업사원에게도 똑같이 적용된다. 많은 사람들은 고객 앞에서는 최대한 친절하게, 밝은 표정으로, 성실하게 설명하려고 애쓴다. 당연히 그렇게 해야 한다. 하지만 진짜 승부는 고객을 만나기 전부터 시작된다. 고객에게 줄 자료를 얼마나 정성껏 준비했는지, 제안서를 얼마나 전략적으로 구성했는지, 고객이 할 법한 반문에 대해 얼마나 연습해봤는지가 이미 승패를 가르고 있는 것이다.

영업은 말 한마디에 결과가 바뀌기도 하고, 작은 태도 하나에 계약이 깨지기도 한다. 그래서 즉흥성보다는 '준비된 연기'가 필요한 직업이다. 고객에게 잘 보이려고 애쓰기 전에, 그 순간을 위해 나는 얼마나 준비했는지를 냉정하게 돌아봐야 한다.

진짜 최선은 '보여주는 순간'이 아니라 '보이지 않는 시간'에 발휘되어야 한다. 회사 생활도 마찬가지다. 상사가 시킨 일을 마감 전에만 맞춰내면 된다고 생각한다면, 이미 반은 놓친 거다. 프로는 시키기 전에 준비하는 사람이기에, '보이지 않는 과정에서의 몰입'이 결국 동료나 상사에게 신뢰로 연결된다.

누군가는 일을 열심히 한다고 말하지만, 진짜 중요한 것은 '언제부터' 열심히 했느냐는 것이다. 마감 30분 전부터 뛰기 시작한 사람과, 이틀 전부터 조용히 차근차근 준비한 사람은 결국 결과에서도 차이가 날 수밖에 없다.

결국 '최선을 다한다'는 것은 순간의 집중이 아니라, 태도의 총합이다. 누구나 열심히 하는 순간은 있다. 하지만 아무도 보지 않는 순간에도, 스스로 목표를 정하고 묵묵히 움직이는 사람이 결국 인정받고 성장한다. 그게 진짜 프로다.

요약 정리   — ☐ ✕

- '최선을 다한다'는 말을 오해하지 말라. 눈앞의 일에만 몰입하는 것이 아니라, 준비 단계에서부터 모든 과정에 몰입해야 진짜 최선이다.

- 진짜 프로의 태도는 '보이지 않는 곳'에서 나온다. 실전보다 연습, 고객 앞보다 고객을 만나기 전의 준비가 중요하다.

- 회사 생활에서도 마찬가지다. '시키기 전에 준비하는 사람'이 결국 인정받는다. 태도는 실적보다 먼저 드러난다.

- 순간의 노력보다 일상의 자세가 중요하다. 보여주기 위한 최선이 아닌, 내 기준에서 부끄럽지 않은 꾸준함이 필요하다.

일은
주어진 시간만큼 늘어난다

'파킨슨의 법칙'이라는 이론이 있다. '일은 주어진 시간만큼 팽창한다'는 내용이다. 실제로 마감시간이 오후 6시인 업무는, 그 전까지는 미루다가 결국 퇴근 직전에야 몰아서 처리하는 경우가 많다. 반면 같은 일을 '오후 3시까지 끝내자'고 목표를 잡으면 놀랍게도 그 시간 내에 끝나기도 한다.

회식 때 꼭 늦는 이가 있다. 마치 일이 많아서 그 일을 다 마치다 보니 늦은 양 말하지만 사실은 그이의 습관이다.

정시 퇴근은 무능이 아니라 유능함의 증거

정시에 퇴근하기 위해선 업무를 효율적으로 쪼개고 우선순위를 매겨야 한다. 오늘 꼭 처리해야 할 업무와 내일 해도 되는 업무, 타 부서에 협조해야 할 업무는 우선적으로 처리하고 회의에서도 불필요한 말은 줄이고 핵심사항 위주로 논의하고 이러한 습관은 생각에서부터 출발한다.

나는 우리 직원들이 항상 정시에 퇴근하는 걸 원칙으로 삼았다. 습관적으로 야근하는 사람들은 대부분 일이 많아서가 아니라 평소 업무집중도가 떨어지는 습관이 있어서 그렇다.

상사의 태도가 조직 문화를 만든다

문제는 많은 조직에서 상사 본인이 자리를 지키고 있다는 이유로 부하 직원이 퇴근하지 못하게 만드는 관행이다. '상사보다 먼저 퇴근하면 눈치 보인다'는 문화는 생산성과 아무 상관이 없는, 전형적인 구시대 유산이다.

사실 상사 본인이 집에 가기 싫어서 혹은 존재감을 과시하고 싶어서 사무실에 앉아 있는 경우도 적지 않다. 이러한 문화가 지속되면 직원들은 중요한 업무보다 '늦게까지 버티는 법'만 배우게 되고, 그 조직의 미래는 결코 밝지 않다.

요약 정리   — ☐ ✕

정시퇴근이 성과를 높이는 이유

- 업무의 집중도가 올라간다. 정해진 시간 안에 끝내야 한다는 압박감이 집중력을 높인다.

- 업무 효율이 개선된다. 불필요한 회의, 잡담, 시간 끌기를 줄이게 된다.

- 조직 문화가 건강해진다. '시간이 아니라 결과로 평가받는 문화'가 형성된다.

- 개인의 삶의 질이 향상된다. 자기 시간을 확보하면서 에너지를 회복할 수 있다.

- 성과는 시간보다 집중에서 나온다. 오래 있는 것보다 '어떻게 일하느냐'가 더 중요하다.

사회생활 생존키트

상상력은
미래를 여는 열쇠다

한때 하늘을 나는 것 자체가 불가능하다고 여겨졌던 시절이 있었다. 하지만 라이트 형제가 비행에 성공하면서 인간은 중력을 거슬러 하늘로 올라가는 시대를 열었다. 그 이후에도 기술은 멈추지 않았다. 20세기 초, 하늘을 나는 대부분의 항공기는 프로펠러를 이용했다. 그러나 이 방식은 시속 700km 이상의 속도에 도달하면 효율이 급격히 떨어졌다. 고속으로 날기에는 물리적인 한계가 명확했던 것이다.

이 한계를 뛰어넘은 것이 바로 제트엔진이다. 제트엔진은 단순한 기술 진보가 아니다. 당시로서는 아직 일어나지 않은 일을 떠올린, 한 사람의 상상력에서 비롯된 결과물이었다. 영국 공군 장교였던 프랭크 휘틀(Frank Whittle)은 기존의 틀을 깨고 가스터빈 기반의 터보제트 엔진을 고안했다. 그의 아이디어는 오랫동안 무시당했지만, 결국 1939년 인류 역사상 최초의 제트비행기가 하늘을 날게 된다. 민간 항공기 분야에서는 1952년 영국에서 제트엔진을 장착한 여객기가 처음으로 상용 운항을 시작했다.

휘틀이 제트엔진을 개발할 당시, 사람들은 '비행기는 이미 충분히 빠르다'고 생각했다. 하지만 그는 더 빠르고 효율적인 추진 방식이 필요하다고 생각하며 스스로에게 질문을 던졌고, 그 상상력은 결국 전 세계 항공산업의 패러다임을 바꾸는 결과로 이어졌다.

우리 일터에 적용해보자

이 이야기에서 배울 수 있는 핵심은 명확하다. 아직 일어나지 않았지만 필요한 것을 상상하는 힘, 바로 그것이 미래를 연다는 것이다. 회사의 성장도 마찬가지다. 지금 회사가 가진 제품, 기술, 시장, 고객만을 기준으로 생각하면 결국 성장은 멈춘다.

'현재 자산을 기준으로 최선을 다하자'는 자세는 당연히 중요하지만, 그것만으로는 한계에 봉착하게 된다. 기존 틀 안에서의 효율 향상은 일정 수준까지는 유효하지만, 한계를 뛰어넘는 순간은 '지금 없는 것을 상상하고 시도할 때' 찾아온다.

특히 빠르게 변화하는 산업일수록 상상력은 더더욱 중요한 역량이 된다. 예를 들어, 오프라인 유통이 당연하던 시대에서 온라인 중심으로 재편되었고, 이제는 인공지능이 유통, 물류, 생산관리까지 깊숙이 침투하고 있다. 10년 전까지만 해도 사람이 아닌 인공지능이 고객 응대를 한다는 것은 상상조차 어려웠던 시나리오였다. 그러나 지금은 콜센터, 챗봇, 자동주문 시스템 등으로 실제 구현되고 있다.

직장인으로서 우리가 해야 할 질문

직장생활을 하다 보면 반복적인 일상과 현실적인 제약에 갇히기 쉽다. 하지만 '지금 이 일이 계속되면 어떤 한계에 도달하게 될까?', '이 방식 외에 전혀 새로운 접근은 없을까?' 같은 질문을 스스로에게 던지는 습관이 중요하다.

한 중견 제조기업의 사례가 있다. 이 회사는 수십 년간 동일한 방식으로 제품을 생산해왔다. 기술은 안정적이고, 고객도 확보되어 있었다. 하지만 제품 수명 주기가 짧아지고, 시장 경쟁이 격화되면서 성장세가 꺾이기 시작했다. 그때 젊은 개발팀장이 제안했다. "지금 기술에 AI 기반 예지보전을 접목하면 유지보수 비용도 줄이고, 서비스 수익도 창출할 수 있습니다." 조직은 처음엔 반신반의했지만, 결국 그 제안을 실현해 제품 가치가 상승했고 새로운 매출 구조까지 만들어냈다. 이처럼 상상은 문제의 본질을 정확히 보는 시선에서 출발한다.

이제 질문해보자. 내가 하는 일에서, 아직 일어나지 않았지만 반드시 필요해질 무언가는 무엇일까? 바로 그 질문이, 당신이 미래를 준비하는 첫 걸음이 될 것이다.

요약 정리   — □ ✕

- 제트엔진의 탄생은 기존의 틀을 넘어선 상상력에서 비롯되었다.

- 회사의 성장도 현재 가진 자산으로만은 한계가 있다.

- 직장인이라면 '아직 오지 않은 미래'를 먼저 상상하는 사람이 되어야 한다.

- 작은 개선보다, 때론 '근본적 전환'을 위한 상상력이 더 큰 기여를 한다.

- 상상은 단순한 공상이 아니라, 지금의 문제를 정확히 바라보는 것에서 시작된다.

사회생활 생존키트

허드렛일의 가치
– 작은 일이 큰 사람을 만든다

    직장에서 가장 흔히 저평가되는 일이 있다. 바로 허드렛일이다. 누군가는 "내가 왜 이런 걸 해야 해?"라고 말한다. 복합기에 종이 넣기, 공용 커피포트에 물 채우기, 회의실 정리, 전등이 나간 걸 총무팀에 알려주기, 재고 정리, 서류철 정돈 같은 일들. 일의 결과나 성과로 바로 이어지지 않으니, 대수롭지 않게 여겨진다.

    그런데 이렇게 자질구레한 일에 대한 태도가 곧 그 사람의 '일에 대한 철학'을 보여주는 바로미터가 되기도 한다.

'작은 일'을 대하는 자세가 '큰 사람'을 만든다

    김연경 선수의 일화이다. 세계 최정상급 배구선수이자 대한민국 여자배구의 상징과도 같은 인물이다. 많은 사람들은 그녀의 강력한 스파이크와 승부사 기질을 먼저 떠올리겠지만, 정작 그녀를 '세계 최고' 반열에 올린 건 따로 있다.

김연경은 초등학교 4학년 때 배구를 시작했다. 그런데 중학교 3학년 때까지 키가 170cm가 되지 않아, 대부분의 시간을 수비수인 '리베로'로 뛰었다. 그때 배운 디그(공을 살려내는 기술), 리시브, 포지셔닝 감각은 이후 공격수가 된 그녀의 무기가 되었다. 결국 세계 정상급 공격수가 되었을 뿐 아니라, 리베로 못지않은 수비 실력을 겸비한 완성형 선수로 성장했다.

처음부터 스포트라이트를 받지 않았다. 작은 역할, 남들이 꺼리는 자리부터 시작했다. 그 시간이 있었기에 그녀는 누구보다 탄탄한 기본기를 가진 선수가 되었고, 그 기본기가 세계무대에서도 통하는 진짜 실력으로 이어졌다.

현장에서도 똑같다: 양파부터 까는 정신

중국집 주방에서는 처음 입사한 신입이 가장 먼저 하는 일이 '양파 까기'다. 볶음밥을 만들지도, 탕수육을 튀기지도 못한다. 그저 하루 종일 양파만 깐다. 그런데 그걸 허드렛일로만 보면 오래 못 버틴다.

양파를 까며 배운다. 칼을 쥐는 법, 빠르면서도 정확하게 손질하는 법, 주방에서 어떻게 움직여야 서로에게 방해가 되지 않는지를 눈치로 익힌다. 그렇게 하다 보면 어느 날은 볶음밥을 만들게 되고, 언젠가는 주방을 책임지는 자리에까지 올라간다. 양파 하나 제대로 못 깐 사람은 탕수육도, 잡채도 제대로 못 만든다.

직장에서도 마찬가지다. 어떤 신입은 입사 첫날부터 '기획서 하나 써 보겠습니다'라고 나서려 한다. 하지만 그 전에 기본적인 문서정리, 회의

세팅, 자료 수합 같은 작은 일부터 익혀야 한다. 바로 거기서 조직의 리듬을 익히고, 보고 체계와 커뮤니케이션 흐름을 파악할 수 있다.

허드렛일은 '성장'의 출발점이다

회사에선 가끔 "이거 누가 하기로 했지?", "왜 아직 정리가 안 돼 있어?"라는 말이 나온다. 대부분은 '아무도 하겠다고 하지 않은 일'이다. 하지만 묵묵히 그런 일을 하는 사람은 어느새 눈에 띄는 직원이 된다.

어떤 팀장은 신입사원에게 이렇게 말했다. "작은 일에 성실한 사람은 결국 큰일도 맡길 수 있어."

왜일까? 허드렛일은 단순히 손이 가는 일이 아니다. 책임감, 주인 의식, 디테일에 대한 감각, 타인을 배려하는 시선 같은 '눈에 안 보이는 능력'을 보여준다.

요약 정리 　　　　　　　　　　　 — □ ✕

- 허드렛일도 업무다. 복합기 용지 채우기, 회의실 정리 등은 작은 일이지만, 직장의 질서를 유지하는 기본이다.

- 김연경 선수의 사례처럼, 작은 자리에서의 경험이 진짜 실력을 만든다. 리베로 시절이 있었기에 최고의 공격수가 될 수 있었다.

- 중국집의 '양파 까기'처럼, 허드렛일은 업무의 흐름과 기본을 익히는 절호의 기회다.

- 작은 일에 성실한 사람은 결국 조직에서 신뢰를 얻고 기회를 먼저 잡는다.

- 허드렛일을 허투루 보면, 커리어도 얕아진다.

꿈의 본질을
묻다

"당신의 꿈은 무엇입니까?" 누군가 이렇게 질문했을 때, 대부분의 사람들은 "저는 의사가 되고 싶습니다", "과학자가 되는 게 꿈입니다", "임원이 되고 싶습니다"와 같이 직업이나 직함을 말한다.

하지만 이 대답은 어딘가 불완전하다. 꿈은 단순히 '무엇이 되는 것'에 그치지 않는다. 진짜 꿈은 '그 직업을 통해 무엇을 이루고 싶은가'에 있다. 의사나 과학자가 되면 꿈이 이루어진 것인가? 그렇지만은 않을 것이다. 즉, 꿈의 방향은 직업이 아니라 목적에 두어야 한다.

직함은 수단이지 목적이 아니다

한 청년이 면접에서 "저는 대기업 임원이 되고 싶습니다"라고 말했다. 그러자 면접관은 되물었다. "왜 임원이 되고 싶은가요?" 청년은 어물쩍 말문이 막혔다.

사실 많은 사람들이 목표와 꿈을 착각한다. 임원이 되는 것은 목표

일 수 있다. 하지만 그 자리에 올라 어떤 영향을 끼치고 싶은지는 꿈이어야 한다.

정말 좋은 답은 이렇다. "임원이 되어 회사를 10조 매출로 성장시키는 데 기여하고 싶습니다", "저의 전략과 리더십을 통해 새로운 시장을 개척하고, 조직원들이 자긍심을 가질 수 있도록 만들고 싶습니다." 직책은 꿈이 아니라 도구다. 꿈은 그 도구를 어떻게 활용할 것인지에 관한 이야기다.

진짜 꿈은 '행동의 비전'이다

미국의 천재 과학자 리처드 파인만은 노벨 물리학상 수상자이기도 하다. 그가 과학자가 된 이유는 단순히 '과학자가 되고 싶어서'가 아니었다. 그는 말한다. "세상의 복잡한 원리를 아주 단순한 언어로 설명하는 데 평생을 바쳤다." 그는 직업이 아니라 행동의 목적을 꿈으로 삼았다.

이런 사람들은 우리 주변에도 있다. 좋은 간호사는 '의사가 되는 것이 꿈'이라고 말하지 않는다. 대신 "어르신들이 병원에 올 때마다 무섭지 않도록 따뜻하게 맞이하는 사람이 되고 싶다"고 한다. 그런 마음가짐으로 환자 한 명 한 명에게 이름을 부르며 인사한다. 직업이 그 사람을 설명하는 게 아니라, 그 직업을 통해 무엇을 하느냐가 그 사람을 설명해준다.

회사에서도 마찬가지다

회사를 다니다 보면 "저는 팀장이 되고 싶습니다", "임원이 되는 게 목표입니다"라는 말을 자주 듣는다. 그런데 그 다음 문장이 없다면, 조직도 그 사람을 신뢰하기 어렵다.

어느 후배는 "임원이 되면 주도적으로 전략을 수립해 신사업을 안정적으로 정착시키고 싶습니다"라고 말했다. 또 어떤 주임은 "팀장이 되면 지금처럼 혼자 끙끙대며 일하지 않게, 시스템을 만들어 후배들이 일할 수 있도록 돕고 싶습니다"라고 했다.

이런 사람들은 직책보다 책임의 본질을 이해하고 있다. 이들은 자연스럽게 조직 내에서 신뢰를 얻게 되고, 실제로 그 직책에 가까워진다.

꿈을 '사명'으로 바꿔 말하라

이제부터는 다음과 같이 생각해보자.

- "저는 영업부장이 되고 싶습니다."
  → "영업부장이 되어 시장 점유율을 2배로 끌어올리고 싶습니다."
- "저는 개발팀 팀장이 되고 싶습니다."
  → "팀장이 되어 지금의 비효율적인 프로세스를 개선하고, 팀원들이 야근 없이 성과를 낼 수 있게 만들고 싶습니다."
- "저는 해외지사장이 되고 싶습니다."
  → "지사장이 되어 한국 기업의 품질과 가치를 현지 시장에 알리고 싶습니다."

당신의 꿈은 직책이 아니라, 그 자리를 통해 무엇을 하고 싶은지로 설명되어야 한다. 그것이 꿈을 현실로 이끌고, 타인도 당신의 꿈에 공감하게 만드는 방식이다.

요약 정리 — ⊡ ✕

- 직업은 꿈이 아니다: 단지 수단일 뿐이다.

- 꿈은 행동의 목적이어야 한다: 어떤 영향을 미치고 싶은지를 중심에 둬야
  한다.

- 직장에서의 꿈도 마찬가지다: 직급보다 그 역할을 통해 무엇을 변화시키고
  싶은지를 말하라.

- 말은 현실이 된다: '무엇이 되겠다'보다 '무엇을 하겠다'가 당신을 꿈에 더
  가깝게 만든다.

하고 싶은 일을 하기 위해서가 아니라, 하기 싫은 일을 안 하기 위해

누구나 돈이 많아지길 원한다. 연봉이 오르기를 바라고, 적금을 붓고, 심지어는 로또도 산다. '돈이 많으면 하고 싶은 것을 무엇이든 할 수 있다'는 것은 매력적인 환상이다. 그러나 시간이 지날수록 우리는 더 깊은 차원의 진실을 깨닫게 된다. 진짜 중요한 것은 '하고 싶은 걸 하는 자유'가 아니라, '하기 싫은 걸 하지 않아도 되는 자유'라는 것을 말이다.

회사에서도 마찬가지다. 업무를 선택할 자유가 없고, 하기 싫은 일을 억지로 떠맡아야 하는 상황이 반복되면 누구나 금세 지치고 만다. 돈이 많다는 것은 그 자체로 능력이기도 하지만, 동시에 마음의 여유를 주는 방패이기도 하다.

노후를 생각해보자. 우리는 거리에서 폐지를 줍는 어르신들을 종종 본다. 그분들이 과연 그 일을 하고 싶어서 하고 계실까? 대부분은 그렇지 않다. 선택의 여지가 없기 때문이다. '하고 싶어서'가 아니라 '살기 위해서' 하고 있는 일이다. 만약 젊은 시절부터 조금씩이라도 경제적 자유를 준비해 왔다면, 최소한 그런 상황은 피할 수 있었을지도 모른다.

직장생활에서도 선택권은 중요한 기준이다. 팀장이 되었지만 자신만 빼고 모두 퇴근하고 혼자 야근을 도맡는 사람도 있고, 고객의 불합리한 요청 앞에서 한 마디 말도 못하고 끌려다니는 직원도 있다. 이 모든 상황의 이면에는 하나의 질문이 숨어 있다. 나는 이 상황을 거절할 수 있는가? 그리고 이 질문에 당당히 '그렇다'고 말할 수 있는 사람은 대부분 준비된 사람, 즉 경제적 자립을 조금씩 이뤄온 사람이다.

물론 돈이 인생의 전부라는 뜻은 아니다. 그러나 돈이 자유의 조건이라는 말은 현실에서 매우 유효하다. 하고 싶은 것을 하기 위해서라기보다, 하기 싫은 것을 하지 않기 위해서라도 우리는 준비해야 한다.

그렇다면 무엇을 준비해야 할까? 단지 통장에 잔고를 쌓는 것만이 답은 아니다. 직장에서 성실히 일하며 전문성을 키우고, 신뢰를 쌓으며, 자신의 몸값을 높이는 것도 중요한 준비다. 여기에 더해 작은 소비 습관을 조정하고, 장기적인 금융 계획을 세우는 것도 필요하다. 나의 경제적 자립은 '회사를 위해'서가 아니라 '나 자신을 위해' 반드시 필요한 과제다.

한 직장 선배의 이야기가 떠오른다. 그는 늘 회식 자리에 늦게까지 남았고, 상사의 눈치를 누구보다 잘 살폈다. 모두가 그를 회사에 충성하는 사람으로 생각했다. 그런데 어느 날, 그가 후배에게 이런 말을 했다. "내가 이렇게까지 눈치 보며 살아야 하는 건, 통장 잔고가 너무 적기 때문이야." 그 말은 농담 같았지만, 듣는 사람의 마음을 무겁게 했다. 결국 그는 조금씩 재정 계획을 세우기 시작했고, 5년 뒤엔 "제가 하고 싶은 일은 이것입니다"라고 말할 수 있는 사람이 되어 있었다. 그 변화의 출발점은 경제적 여유였다.

- 돈은 자유를 위한 수단이다. 특히 '하기 싫은 일을 안 할 수 있는' 자유를 위한 수단이다.

- 경제적 준비는 직장생활의 선택권을 넓힌다. 거절할 수 있는 용기, 고개를 들 수 있는 여유는 준비된 사람만이 누릴 수 있다.

- 폐지 줍는 노인처럼 '원치 않는 일'을 하며 생계를 이어가야 하는 상황을 피하고 싶다면, 지금부터 준비해야 한다.

- 전문성, 신뢰, 금융 습관까지 포함한 자기 관리가 결국 진정한 자유로 가는 길이다.

결혼은 선택,
그러나 선택은 변화한다

요즘 직장에서 보면 결혼을 하지 않는 직원들이 많아졌다. 점심 자리나 회식 자리에서 종종 듣게 되는 말이 있다. "요즘은 연애는 필수지만 결혼은 선택이잖아요." 어느 여직원은 김연자의 '아모르파티'를 인용하며 자신은 결혼을 선택하지 않을 생각이라 했다. 자유로운 삶을 지키는 방식으로 말이다.

맞는 말이다. 지금 시대엔 결혼이 필수가 아닌 '선택'이라는 인식이 보편화되었다. 결혼을 하지 않아도 충분히 자립할 수 있고, 관계와 삶의 만족을 다양한 방식으로 채울 수 있다. 하지만 여기서 한 가지 생각해볼 점이 있다. 그 선택이 시간이 지나도 여전히 유효한 것인지 돌아봐야 한다.

이는 단순히 선언에서 그칠 것이 아니라 '지속 가능한가'라는 관점에서 봐야 한다. 처음엔 홀가분한 자유였지만 나중엔 감당하기 힘든 '고립'이 될 수도 있기 때문이다.

나이 오십이 넘어서야 보이는 두 갈래의 길

"처음에는 현명한 선택이라고 생각했는데, 그 현명한 선택도 나이가 들면서 두 갈래로 갈라지더라. '현명한 선택'과 '후회되는 선택'으로."

직장생활을 오래 하다 보면 직원들의 삶도 자연스럽게 관찰된다. 20~30대에는 결혼을 하지 않은 것이 멋있어 보일 수 있다. 하지만 40대를 지나고 50, 60을 바라보게 되면 사람들마다 인생의 분위기가 극명하게 달라진다.

한 번은 회식 자리에서 조용히 술잔을 기울이던 50대 부장님이 이렇게 말했다. "결혼을 안 한 게 후회돼. 젊을 땐 일도 재밌고 자유롭게 즐기는 것도 좋았는데, 이제는 주말에 갈 데도 없고, 명절에는 시간만 남더라."

다른 한 상무님은 결혼했다가 이혼한 분인데, 오히려 후련한 듯 웃으며 말했다. "그래도 한 번 살아봤으니까, 후회는 덜하지. 경험은 있으니까. 안 해봤으면 지금쯤 미련만 남았을 걸."

'결혼은 해도 후회, 안 해도 후회'라는 말이 있다. 어찌 보면 농담 같지만, 실제로 많은 중장년이 공감하는 말이기도 하다. 하지만 중요한 차이가 있다. 결혼을 했던 사람은 '선택을 했다'는 경험이 있다. 반면 하지 않은 사람은 나중에 '선택하지 못한 채 지나간 시간' 앞에서 후회를 안고 살아간다.

외로움의 실체는 나이 들수록 뚜렷해진다

통계로도 알 수 있다. 한국은 세계에서 자살률이 가장 높은 나라 중

하나다. 하루 평균 약 35명이 스스로 생을 마감한다. 그중 가장 높은 연령대는 70대 이상이다. 삶의 막바지, 어느 정도 수명이 정해진 시점에서조차 삶을 놓아버리는 그 이유는 무엇일까?

질병이나 경제적 곤궁도 이유일 수 있지만, 가장 큰 원인은 '외로움'이라는 분석이 많다. 누구도 찾아오지 않는 집, 말동무 하나 없는 일상, 생일이나 명절에도 전화 한 통 없는 시간. 결국 사람은 관계 속에서 존재감을 느끼고, 누군가에게 필요한 존재라는 확신 속에서 삶의 의미를 찾는다.

결혼을 하지 않음으로 얻는 자유는 분명 가치가 있다. 하지만 그 자유는 '기한이 있는 자유'다. 젊을 때에는 홀로 여행하고, 일에 집중하고, 개인의 취향을 마음껏 누릴 수 있다. 하지만 시간이 흐르고 체력이 떨어지고, 주변에 친구들도 하나둘 가족과 삶을 만들어갈 때, 홀로 남겨진다는 감각은 생각보다 무겁다.

그럴 때 누군가 찾아와주는 가족이 있다는 것은 큰 위안이다. 찾아오는 자식이 있고, 재잘거리는 손주가 있다는 사실이 삶의 의미를 다시 불러온다.

결혼은 나중의 문제인가? 지금의 태도인가?

결혼은 당연히 해야 한다는 생각은 지나갔다. 그러나 그렇다고 무조건 하지 말아야 한다는 것도 오만한 생각일 수 있다. 결혼은 삶의 중요한 분기점이고, 시간이 흐를수록 그 기회를 되돌릴 수 없는 결정이 된다.

중요한 건 '지금의 선택'이 아니라 '지금의 태도'다. 결혼을 하든, 하지 않든 자신이 어떤 삶을 살고 싶은지를 미리 성찰하고, 그에 맞는 준비를 해두는 사람이 결국 후회 없는 선택을 할 수 있다.

요약 정리   — ☐ ✕

- 결혼은 더 이상 필수가 아닌 '선택'이다. 하지만 선택에는 결과가 따르고, 그 결과는 시간이 흐를수록 분명해진다.
- 결혼을 하지 않음으로 얻는 자유는 유통기한이 있다. 특히 나이가 들수록 관계의 중요성은 더욱 커진다.
- 결혼을 하든, 하지 않든, 중요한 건 '후회하지 않을 삶'을 미리 설계하고 준비하는 태도다.
- 인생 후반의 외로움은 현실이다. 찾아오는 자식과 손주가 있다는 것이 삶의 의미를 되살리는 중요한 요소가 되기도 한다.

행복하기
위해

"행복의 반대말이 뭘까요?" 어느 강연에서 강사가 이렇게 질문을 던지자, 사람들은 각자 '불행', '실망', '절망' 등을 조심스럽게 내뱉었다. 하지만 강사의 대답은 전혀 예상 밖이었다.

"행복의 반대말은 '비교'입니다." 그 한마디에 강연장의 공기가 달라졌다. 단어 하나에 꽂혀버린 듯, 모두가 고개를 끄덕이며 생각에 잠겼다.

곰곰이 떠올려보면, 어린 시절 우리는 정말 부족한 환경에서도 그렇게 불행하지 않았다. 단칸방에서 온 가족이 함께 지내고, 하나의 화장실을 같이 써야 했어도 특별한 불만이 없었다. 왜일까? 비교 대상이 없었기 때문이다. 모두가 그렇게 살았고, 그 안에서의 일상은 자연스럽게 받아들여졌다.

그런데 지금은 어떤가. 같은 아파트 단지, 같은 입사 동기, 같은 연차 직원들끼리도 끊임없이 서로를 비교한다. 누구는 연봉이 얼마다, 누구는 이번에 승진했다더라, 누구는 퇴사하고 더 좋은 조건의 회사로 갔다더라, 이런 이야기는 더 이상 정보 공유가 아니라 무의식적인 비교와 상

사회생활 생존키트

대적 박탈감을 유발하는 독이 된다.

실제 연구 결과도 이를 뒷받침한다. 한 조사에 따르면, 세계에서 가장 행복한 나라 중 하나로 꼽히던 부탄이나 네팔 같은 나라도 인터넷이 보편화되면서 외부 정보에 접근이 쉬워진 이후 행복지수가 하락했다. 그들도 다른 나라의 부유한 생활을 접하게 되면서 '우리 삶은 부족하다'는 인식이 생겨나기 시작한 것이다.

이와 관련해 올림픽 메달리스트들에 대한 흥미로운 심리 실험이 있다. 일반적으로 메달 순위로 보면 금>은>동이지만, 표정은 동메달리스트가 더 밝은 경우가 많다. 왜 그럴까? 은메달리스트는 결승에서 패해 '금메달을 놓쳤다'는 비교와 아쉬움이 남는 반면, 동메달리스트는 간신히 메달을 딴 기쁨이 크기 때문이다. 상황은 숫자상으론 3등이 더 낮지만, 비교 기준에 따라 감정은 완전히 달라지는 것이다.

회사 생활도 마찬가지다. 누군가와 자신을 끊임없이 비교하면 행복할 수 없다. "어느 회사는 복지가 좋더라", "누구는 연봉이 훨씬 높다더라"라는 말은 결국 자기 삶의 만족도를 떨어뜨릴 뿐이다. 비교를 통해 내가 다니는 회사나 나 자신을 하향 평가하게 되고, 일에 대한 자부심과 열정마저 빼앗아간다.

현실적으로, 우리보다 더 좋은 조건의 회사도 있지만, 반대로 우리보다 열악한 환경에서도 묵묵히 일하며 살아가는 사람들도 많다. 내가 지금 속한 환경을 단지 타인과의 비교로 평가할 것이 아니라, 나의 성장과 관계 속에서 의미를 찾아야 한다.

회사를 옮겨도, 환경이 바뀌어도 비교하는 습관이 바뀌지 않으면 행복은 요원하다. 비교는 끝이 없고, 결국 나 자신을 지치게 만든다. 행복은 성과에서 오는 것이 아니라, 스스로 만족할 수 있는 기준을 정했을 때 비로소 찾아온다.

요약 정리   — ☐ ✕

- 행복의 반대말은 '비교'다. 타인과의 비교는 현재의 만족감을 떨어뜨리고 상대적 박탈감을 유발한다.

- 비교는 감정의 기준을 외부로 옮기는 행위다. 기준이 자신이 아닌 '타인'에게 있으면 언제나 불안해지고, 행복은 멀어진다.

- 동메달리스트가 은메달리스트보다 밝게 웃는 이유는 비교의 기준이 '어디에 서 있었는가'가 아니라, '어디에서 올라왔는가'에 달려 있기 때문이다.

- 회사 생활에서도 비교는 독이 된다. 연봉, 복지, 승진 등 외적 기준보다 내가 지금 얼마나 의미 있게 일하고 있는지에 집중하라.

    사회생활 생존키트

피터의
법칙

직장생활을 하다 보면 어느 순간부터 '나는 이제 이 정도면 괜찮지'라는 생각이 들기 시작한다. 직급이 올라가고, 업무에 어느 정도 익숙해지고, 주변에서 인정도 받기 시작하면 더욱 그렇다. 하지만 이 시점이야말로 가장 위험한 순간일 수 있다. 바로 '피터의 법칙(Peter Principle)'이 작동하기 시작하는 시점이다.

피터의 법칙이란?

경영학자 로렌스 피터는 이렇게 말했다. "모든 사람은 자신의 무능력 수준까지 승진한다."

조직 안에서 유능한 사람은 승진을 거듭한다. 그런데 이 과정에서 결국에는 자신의 능력을 초과하는 직책까지 도달하게 되고, 거기에서 더는 유능하지 못한 채로 머무르게 된다는 것이다. 처음에는 탁월한 엔지니어 실무자였지만, 관리직으로 올라간 이후에는 성과가 떨어지고, 조직에도 오히려 해가 되는 경우를 종종 본다.

이 법칙이 무서운 이유는, 대부분의 사람들이 그 사실을 자각하지 못한 채 '자기 자리'에 안주해버린다는 데 있다.

현실의 사례들

실제로 설계 전문가였던 한 직원은 탁월한 능력으로 팀장이 되었다. 문제는 그 다음이었다. 팀을 이끄는 데 필요한 관리 능력이나 후배를 키우는 리더십, 예산을 조정하고 상부와 전략적으로 커뮤니케이션하는 정무 감각이 부족했던 그는 팀 전체 실적을 곤두박질치게 했다. 이전에는 누구보다 열심히 뛰던 그였지만 이제는 조직 내에서 애매한 위치가 되어 버렸다.

또 다른 예로, 기술 분야에서 뛰어난 전문성을 발휘하던 한 엔지니어는 임원으로 승진한 뒤 조직 관리나 대외 커뮤니케이션에서 어려움을 겪었다. 그는 "이제 내가 직접 할 수 있는 일이 없다"며 무력감을 토로했고, 얼마 지나지 않아 스스로 퇴직을 결정했다.

이처럼 우리는 한 분야에서의 성과만으로 다음 단계의 자리에 오른 뒤, 그 자리에 맞는 역량을 갖추지 못해 결국 자리를 지키지 못하는 경우를 수없이 본다. 중요한 건 성장한 직위만큼 성장한 역량이다.

직급이 올라갈수록 공부는 더 절실하다

직장생활 초년에는 실무 역량이 가장 중요하다. 하지만 과장이 되고, 차장이 되고, 임원이 되면 그보다 더 중요한 것이 생긴다. 바로 '조직을 움직이는 능력'이다.

리더는 단순히 일만 잘해서는 안 된다. 방향을 잡고, 사람을 이끌고, 외부와 소통하고, 때로는 조직을 위해 희생도 해야 한다. 이 모든 것은 전문 분야에서만 경험했던 일과는 완전히 다른 영역이다. 그래서 직급이 오를수록 더 많이 배우고, 더 많이 물어보고, 더 많이 질문해야 한다.

한 선배 임원이 이런 말을 한 적이 있다. "내가 학습을 멈추는 순간, 우리 조직도 멈추더라."

지금의 성공이 과거의 실력에서 비롯되었다면, 미래의 성공은 앞으로 얼마나 배우느냐에 달려 있다. 지금 당장은 바쁘고 지쳐도, 한 달에 책 한 권, 분기마다 외부 강연 한 번, 그리고 월 1회의 자기 성찰만 해도 사람은 성장한다.

'무능력의 자리'에 도달하지 않으려면

피터의 법칙에서 벗어나는 유일한 방법은 '계속해서 성장하는 사람'이 되는 것이다. 단순히 위로 올라가는 것이 아니라, 그 자리에 걸맞은 사람이 되기 위해 의도적으로 훈련하고 배움의 자세를 잃지 않는 것이 필요하다.

조직에서는 위로 올라갈수록 누군가가 챙겨주지 않는다. 주도적으로 배우지 않으면 금세 도태된다. 명함에 적힌 직책이 곧 실력이라고 착각하는 순간 그 자리는 내게 맞지 않는 무능의 자리가 된다.

요약 정리   — ▢ ✕

- 피터의 법칙: 유능한 사람도 결국 무능력한 자리에 도달하게 된다는 이론.

- 문제의 본질: 직급은 올랐지만 그에 맞는 역량을 갖추지 못하면 조직에 해가 된다.

- 해결 방법: 계속해서 배우고, 변화에 맞춰 스스로 성장해야 한다.

- 실천 전략:
    - 실무에서 리더십 역량으로 관심을 확장할 것.
    - 독서, 교육, 멘토링 등을 통해 끊임없이 학습할 것.
    - 과거의 성과에 안주하지 말고 다음 단계를 위한 준비를 지속할 것.

물음표의 힘
– 익숙함을 의심할 때 비로소 시작되는 성장

"뜨거운 물이 찬물보다 빨리 언다?" 누구나 한 번쯤 들어봤을 법한 이 질문은 우리의 상식을 정면으로 뒤흔든다. 상식적으로는 찬물이 먼저 얼어야 맞다. 그런데 현실은 다르다. 특정 조건에서는 뜨거운 물이 더 빨리 얼 수 있다는 실험 결과가 있다. 이것을 과학적으로 '음펨바 효과(Mpemba Effect)'라고 한다.

1960년대 탄자니아의 한 고등학생 에라스토 음펨바(Erasto Mpemba)는 아이스크림을 만들다가 뜨거운 우유가 차가운 우유보다 더 빨리 언다는 사실을 발견했다. 선생님은 그를 비웃었지만, 이후 과학자들이 이를 연구하면서 실제로 특정 조건 하에서는 가능한 현상이라는 것이 밝혀졌다.

이 사례는 단순한 물리 현상을 넘어, 우리가 살아가는 조직과 사회에서도 시사하는 바가 크다. 우리는 종종 상식이나 경'에 너무 익숙해져서 그것이 절대적인 진리인 것처럼 착각한다. 하지만 음펨바 효과처럼, 익숙함이 항상 진리는 아니라는 점을 알 수 있다.

오래된 '정답'이 틀릴 수 있다

업무를 하다 보면 "이건 원래 이렇게 해왔어요", "이 방식이 정석이에요"라는 말을 자주 듣는다. 처음에는 그 말이 맞는 듯 보인다. 그러나 시간이 흐르고 환경이 바뀌면, 과거의 정답이 오늘의 오답이 되기도 한다.

예를 들어, 과거에는 사무실에 무조건 9시까지 출근해서 6시까지 자리에 붙어 있는 것이 성실함의 상징이었다. 하지만 요즘은 유연근무제, 재택근무가 당연시되는 시대다. 이런 변화 속에서도 과거 방식만 고수한다면 시대에 뒤처질 수밖에 없다.

비슷한 예로, 1980~90년대에는 영업사원이 고객을 하루에 몇 군데나 방문했는지가 성과의 핵심이었다. 하지만 지금은 고객의 니즈를 분석하고, 맞춤형 솔루션을 제공하는 '관계 기반 영업'이 더 중요해졌다. 여전히 "발로 뛰는 게 최고다"만 외친다면 고객은 마음을 열지 않을 것이다.

음펨바 효과가 주는 업무의 교훈

첫째, 업무에서 항상 '왜?'라는 질문을 던져야 한다. 지금 하는 방식이 과연 최선인지, 시대 변화에 맞는지 스스로 검토해야 한다.

둘째, 고정관념을 버려야 한다. 가장 익숙한 방식이 반드시 정답은 아니다. 오히려 새로운 시각이 돌파구가 될 수 있다.

셋째, 변화를 두려워하지 말자. 뜨거운 물이 얼 수 있다는 것은, 누군가 당연하다고 생각하는 것조차도 바뀔 수 있음을 보여준다. 업무 프로세스든, 고객과의 커뮤니케이션 방식이든, 변화에 민감하게 반응하는 것이 경쟁력이다.

팀장의 결단이 만든 변화

한 제조업체의 팀장은 오랫동안 운영되던 품질검사 프로세스에 의문을 가졌다. "왜 이 검사는 꼭 제품 출고 전에만 하나?", "라인 중간에서 확인하면 더 빠르게 불량을 걸러낼 수 있지 않을까?"

이 질문 하나로 프로세스를 바꿨고, 불량률이 20%나 줄었다. 기존의 방식이 정답이라 믿었다면 불가능한 변화였다. 그는 익숙함을 의심한 덕분에 팀의 성과를 크게 끌어올릴 수 있었다.

요약 정리   — ⬜ ✕

- 음펨바 효과는 "뜨거운 물이 찬물보다 더 빨리 어는 현상"이다. 우리의 '상식'을 뒤흔드는 대표 사례다.
- 직장생활에서도 과거의 정답이 오늘은 오답이 될 수 있다.
- "원래 그런 거예요"라는 말에 안주하지 말고, 항상 "왜?"라는 질문을 던지자.
- 변화를 두려워하지 않고, 새로운 시각을 가진 직원이 결국 성과를 낸다.
- 진짜 경쟁력은 기존의 틀을 의심할 수 있는 용기에서 비롯된다.

인생에서 가장
소중한 것은 무엇인가?

회사에서 과로로 쓰러진 직원이 있었다. 대기업에서 일하던 40대 중반의 그 직원은 항상 야근을 밥 먹듯 했고, 주말에도 노트북을 들고 카페를 전전했다. 그러던 어느 날, 회의 중에 갑자기 쓰러졌고 병원에서는 과로와 스트레스로 인한 심장 문제라고 진단했다. 그는 병실에 누워 이런 말을 남겼다. "그때 그 프로젝트가 뭐가 그렇게 중요했을까? 정작 중요한 건 내 몸이었는데 말이지."

살면서 우리는 '가장 소중한 것'을 종종 잊는다. 급여, 승진, 실적, 목표… 이것들이 인생의 전부인 것처럼 달려가다 보면 정작 중요한 것들은 놓치기 쉽다. 그리고 어느 날 문득 '내가 왜 이렇게 살고 있지?'라는 질문이 가슴속 깊이 내려앉는다.

누가 뭐래도 인생에서 가장 소중한 것은 건강이다. 아플 때 비로소 깨닫는다. 출근도 못 하고, 계약도 못 따고, 그동안 벌어놓은 돈도 병원비로 날아간다. 건강이 무너지면 모든 계획이 무의미해진다. 운동할 시간 없다는 사람이 결국 병원 갈 시간은 생기는 게 현실이다.

건강 다음으로 중요한 것은 무엇일까? 나는 마음의 평화라고 생각한다. 아무리 몸이 멀쩡하고 통장에 잔고가 넉넉해도, 마음이 불안하고 괴로우면 그것은 사는 것이 아니라 버티는 것에 불과하다.

마음의 평화는 '내 뜻대로 되는 것'이 많아서 오는 게 아니다. 오히려 '뜻대로 안 되는 일에도 나를 잃지 않는 상태'에서 생긴다. 인정받지 못해도, 억울한 말을 들어도, 내 안에 평정을 유지하는 사람은 흔들리지 않는다. 그런 사람은 오래 간다. 그리고 결국 신뢰를 얻는다.

그렇다면 왜 우리는 그렇게 돈을 좇고, 성과를 좇으며 스스로를 몰아붙일까? 아마도 두려움 때문일 것이다. 뒤처질까 봐, 무시당할까 봐, 경쟁에서 도태될까 봐. 하지만 그렇게 애써 얻은 돈과 자리가 내 삶을 지켜주지 못할 때가 반드시 온다. 어느 순간 "내가 이러려고 이렇게 살았나?" 싶은 순간이 온다.

한번은 퇴직을 앞둔 선배가 나에게 이런 조언을 해줬다. "어차피 우리는 언젠가는 죽는다. 그러니 적어도 하고 싶은 대로 살다 가야지 않겠냐? 그런데 문제는 '하고 싶은 대로'가 무엇인지도 모른 채 사는 경우가 많다. 나도 그랬어."

맞는 말이었다. 많은 이들이 돈을 목적으로 삼고 살아간다. 하지만 돈은 목적이 아니라 수단이다. 돈은 내가 하고 싶은 일을 더 많이, 더 자유롭게 하기 위한 도구다. 그 순서를 바꾸는 순간 우리는 돈의 노예가 된다. 일하기 위해 사는 것이 아니라 살기 위해 일하는 것임을 잊지 말아야 한다.

사회생활을 하다 보면 '현실'이라는 말이 모든 것을 정당화한다. "어쩔 수 없잖아", "다 그렇게 살아." 하지만 그 현실에 너무 길들여지다 보면 어느 순간 내 삶의 방향이 어딘지도 모르고 계속 달리기만 하게 된다.

진짜 중요한 것은 나답게 사는 것이다. 건강을 잃지 않고, 마음의 평화를 지키며, 돈이라는 수단을 잘 활용해서 의미 있는 삶을 사는 것. 직장도 그 삶의 한 부분일 뿐, 전부는 아니다.

요약 정리   — �口 ✕

- 인생에서 가장 소중한 것은 건강이며, 그 다음은 마음의 평화다.

- 건강이 무너지면 모든 계획과 목표는 의미 없어지고, 돈도 소용없다.

- 마음의 평화는 모든 것이 내 뜻대로 될 때가 아니라, 그럼에도 불구하고 흔들리지 않을 때 생긴다.

- 돈은 수단이지 목적이 아니다. 돈을 좇는 삶은 결국 삶의 중심을 잃게 만든다.

- 자신의 삶을 주체적으로 설계하라. 사회생활은 수단이지, 인생의 전부는 아니다.

책임의 진짜 주인은
누구인가

"우리 직원이 엉망으로 만들었어요." 이 말은 직장 내에서 종종 듣게 되는 말 중 하나다. 보고서가 미흡했거나, 고객 대응이 미숙했거나, 일정이 지연되었을 때 흔히 책임 회피의 언어로 등장한다. 하지만 이 말이 나올 때마다 한 가지 질문을 던져야 한다. 과연 그 일이 그렇게 끝났을 때, 가장 큰 손해를 보는 사람은 누구인가? 또는 가장 큰 혜택을 기대했던 사람은 누구인가?

책임은 결과에 따라 이동한다

업무에는 여러 주체가 관여한다. 담당자, 검토자, 승인자, 그리고 그일의 최종 수혜자. 하지만 책임은 단순히 누가 '실행했는가'가 아니라, 누가 그 결과로부터 가장 많은 영향을 받는가에 따라 무게중심이 달라진다.

예를 들어보자. 어느 대기업에서 마케팅 부서가 신규 캠페인을 진행했는데, 결과가 기대 이하였다. 담당자는 외주사와의 커뮤니케이션 문제를 언급했고, 외주사는 클라이언트 측 자료 제공이 늦었다고 항변했다. 이 와중에 팀장은 "우리 주임이 잘 못 챙긴 것 같습니다"라고 말하며 한 발 물러선다.

그러나 이 캠페인이 실패했을 때, 실제로 손실을 입는 건 누구인가? 결국 그 프로젝트에 KPI를 걸고, 성과 목표를 설정한 팀장 본인이다. 팀장이 책임지고 주임의 역량을 키웠어야 했고, 외주사를 통제했어야 하며, 시기적절한 자료 제공도 관리했어야 했다. 이것이 바로 책임의 본질이다. '누가 실행했느냐'가 아니라 '누가 가장 손해를 보느냐'가 책임의 주인이다.

조직 내 '책임 떠넘기기'의 악순환

많은 조직에서는 '책임'이라는 단어가 공포처럼 느껴진다. 누군가 잘못하면 누군가는 벌을 받아야 한다는 전제가 깔려 있기 때문이다. 그래서 사람들은 자연스럽게 자신을 방어하려 들고, 책임을 아래로, 옆으로 밀어낸다.

문제는 이런 문화가 반복되면 결국 조직 전체가 '내 일이 아니니까'라는 태도를 갖게 된다. 책임 의식이 분산되면, 성과도 분산된다. 누구도 주도적으로 움직이지 않게 되는 것이다.

반면 책임지는 사람이 많을수록 조직은 살아난다. 책임을 두려워하지 않고, 결과에 대한 주인 의식을 가진 사람이 있을 때, 팀 전체가 '성과 중심'으로 재편된다.

사례: 건설 현장의 안전 사고

한 중견 건설사에서 안전 사고가 발생한 일이 있었다. 현장에서는 안전모를 쓰지 않은 외주 근로자가 사다리에서 떨어졌고, 이 사고로 프로젝트가 전면 중단되었다.

사고 직후, 현장 소장은 외주업체의 직원이 지침을 어긴 것이라고 했다. 하지만 본사 임원은 다른 시선으로 봤다. "그 외주직원에게 작업 지시를 내린 사람은 누구인가?", "작업 환경을 매일 체크하는 사람은 누구였는가?", "그리고 최종 공사 진행 상황 보고서를 받은 사람은 누구였는가?"

결국 책임은 외주직원이 아니라, 현장 전체를 관리하는 소장, 더 넓게 보면 현장의 안전을 총괄하는 본사팀에게 있다는 결론이 내려졌다. 사람들은 처음엔 억울하다고 생각했지만, 그 판단 이후 조직은 완전히 달라졌다. 안전 책임자의 역할이 명확해지고, 예산이 집중되었으며, 사고율이 급감했다. 책임을 명확히 한다는 건 벌주는 것이 아니라, 권한과 자원을 함께 주는 일이었기 때문이다.

책임은 곧 권한이다

진짜 책임지는 사람은, 결과에 대해 말할 자격이 있는 사람이다. 성과가 좋든 나쁘든 본인이 그 무게를 감당할 수 있어야 한다. 그래서 리더라면 '누구 때문에'를 생각할 게 아니라 '내가 왜 그걸 막지 못했는지'를 먼저 돌아봐야 한다. 이런 태도를 가진 사람만이 팀원들에게도 진정한 신뢰를 받을 수 있다.

직장생활에서 자주 듣는 말이 있다. "그건 제 업무 범위가 아닙니다."

조직 문화를 보여주는 대표적인 표현이다. 책임과 권한이 분리되어 있는 곳에선 누구도 주도권을 가지려 하지 않는다. 반대로, 책임과 권한이 묶여 있는 곳에서는 자연스럽게 성과 중심의 문화가 정착된다.

요약 정리   — ▢ ✕

- 책임의 기준은 행위가 아니라 결과의 영향력에 있다. 가장 이득을 보거나 손해를 입는 사람이 실질적인 책임자다.

- 책임 회피는 조직 문화를 망친다. 책임지는 사람이 줄어들수록 성과는 희미해진다.

- 책임은 처벌이 아니라 권한과 자원의 분배다. 책임의식이 분명할수록 권한도 커지고 조직 성과도 올라간다.

- 리더는 책임을 아래로 넘기는 사람이 아니라, 위에서 끌어안는 사람이다. 그래야 아래도 신뢰하고 따른다.

긍정적인 생각은
'되는 방법'을 찾는 집요함이다

"긍정적으로 생각하자"는 말은 너무 흔해서 진부하게 들릴 때가 있다. 어떤 사람은 무조건 좋게 좋게 생각해야 한다는 뜻으로 받아들이기도 한다. 물론 삶을 가볍게 바라보고, 유쾌하게 넘기는 태도도 긍정의 일부일 수 있다. 하지만 직장이라는 현실 세계에서는 그런 태도만으로는 부족하다.

진짜 긍정적인 생각이란, 내가 처한 조건이 어떻든 간에 "되는 방법이 있을 거야"를 전제로 계속 시도하는 사람의 태도를 말한다. 결국은 포기 대신 방법을 찾는 습관이 긍정적인 생각의 본질이다.

'될 이유'를 찾는 사람 vs. '안 될 핑계'를 대는 사람

직장에서 누구나 한 번쯤은 이런 말을 입에 달고 사는 사람을 본 적 있을 것이다. "그거 예산이 없어서 못해요", "시간이 너무 촉박해서 안 될 겁니다", "이건 작년에 이미 실패했던 일이에요."

이처럼 부정적인 사람들은 일을 시작하기도 전에 '안 되는 이유'를 머릿속에서 정리하고 있다. 그리고 결과가 잘 안 되면 미리 준비해 둔 핑계들을 조목조목 꺼내든다. 이런 사고의 위험성은, 도전하지도 않고 실패를 정당화할 길부터 마련한다는 점이다. 그들은 실패해도 자존심은 상하지 않겠지만, 결국 얻는 것도 없다.

반면, 긍정적인 사람은 다르다. 문제 앞에서 주저하지 않고, 할 수 있는 방법부터 떠올린다. "지금 이 자원으로 할 수 있는 범위는 어디까지지?", "이건 A가 아니라 B로 바꾸면 가능하지 않을까?" 이런 식으로 현실을 직시하면서도 포기하지 않는다.

사례: 세 번이나 거절당한 제안서가 성사된 이유

한 중견기업의 전략기획팀 A 대리는 제품 리뉴얼을 위해 새로운 마케팅 캠페인을 기획했다. 하지만 기획안은 연속 세 번 기각됐다. 상무는 예산 문제를, 본부장은 브랜드 리스크를 이유로 반대했다.

대부분 이쯤 되면 "이건 안 되는 프로젝트야"라며 접었을 것이다. 하지만 A 대리는 기획 방향을 수정하면서도 '본질'을 놓치지 않았다. '이 캠페인이 궁극적으로 고객에게 어떤 가치를 줄 수 있는가?'에 집중했다.

그는 예산은 절반으로 줄이고, 브랜드 리스크는 고객참여형 설계로 우회했으며, 내부 인력만으로 실행할 수 있는 파일럿 캠페인으로 바꿨다. 그렇게 네 번째 제출한 제안서는 통과됐고, 결과는 기대 이상의 반응이었다. 고객 유입률이 2배 이상 증가했고, 회사는 이를 정식 캠페인으로 확대해 연간 성과목표를 초과 달성했다.

여기서 우리가 배워야 할 건 '아이디어의 우수성'이 아니다. 되는 방법을 포기하지 않고 끝까지 찾아낸 태도, 그 자체가 바로 진짜 긍정적 사고의 힘이다.

긍정은 상황을 외면하는 게 아니라, 그럼에도 불구하고 해보는 것이다

긍정적인 태도는 현실을 부정하거나 눈을 감는 것이 아니다. 오히려 누구보다 더 현실을 직시하는 사람들이다. 대신, 그들은 거기서 멈추지 않는다. '이래서 안 된다'가 아니라 '그럼에도 불구하고 해보자'라고 말하는 사람들이다.

예컨대, 영업 현장에서 고객이 계약을 망설이는 상황이 반복된다면 부정적인 사람은 "이 시기엔 영업이 원래 안 돼요"라고 말한다. 하지만 긍정적인 사람은 '왜 거절하는 걸까?', '다른 제안을 섞으면 받아들일 여지가 없을까?'를 고민한다.

이런 태도는 단지 실적에 영향을 주는 것을 넘어, 조직 내에서도 신뢰를 만든다. 함께 일하는 상사나 동료가 믿고 맡길 수 있는 사람으로 보이게 된다.

우리가 진짜 조심해야 할 건 '합리적인 포기'다

더 무서운 건, 이 부정적인 사고가 스스로는 매우 현실적이고 합리적이라 느껴진다는 것이다. 경험 많은 사람일수록 오히려 "그건 안 되는 이유가 있어"라고 잘라 말하며 스스로 시도조차 안 하려는 경우가 많다.

하지만 세상은 계속 변하고 있으며 어제는 안 됐던 일이 오늘은 가능할 수도 있다. 어제의 기준을 오늘의 한계로 삼는 순간, 우리는 그 안에서 스스로를 가두게 된다. 결국 성과를 좌우하는 건 기술이 아니라 생각의 틀이다.

요약 정리   — ☐ ✕

- 긍정적인 생각이란 '좋게 생각하자'가 아니라 '되는 방법을 찾는 집요함'이다.
- 부정적인 사람은 핑계부터 준비하지만, 긍정적인 사람은 대안을 먼저 탐색한다.
- 실패를 정당화하려는 합리적 포기보다, 끝까지 해보려는 유연한 실행이 더 중요하다.
- 문제 앞에서 멈추는 것이 아니라, 다른 길을 끊임없이 찾는 습관이 진짜 긍정이다.

일 잘하는
재능

예체능은 선천적 재능이 중요할까, 후천적 노력이 중요할까? 이 질문 앞에서 우리는 대부분 잠시 멈칫한다. 예술이든 체육이든, 노력만으로 정상에 오르기엔 무언가 한 끗이 부족하다는 걸 경험적으로 안다. 마이클 조던이 매일 1,000개의 슛을 연습했다고는 하지만, 그가 가진 점프력, 반응속도, 공간지각 능력은 결코 연습만으로 채워지지 않는다. 음악도 마찬가지다. 어떤 이는 절대음감을 타고났고, 어떤 이는 수십 년을 배워도 음정 하나 제대로 못 잡는다.

이런 현실은 우리에게 한 가지 잔인한 진실을 말해준다. '천재는 노력하는 사람을 슬프게 만든다.' 노력도 중요하지만, 재능 앞에서 무력해지는 경험은 누구나 한 번쯤 해봤을 것이다.

그렇다면 공부는 어떨까? 많은 이들이 공부는 '노력'의 영역이라고 착각한다. 하지만 엄밀히 따지면, 공부도 재능이다. 의자에 엉덩이를 붙이고 몇 시간이고 집중력을 유지하는 능력, 파고드는 집요함, 암기력, 논리력 등은 타고나는 경우가 많다. 실제로 공부 잘하는 친구들을 보면

그 부모님이 교사, 의사, 연구원 같은 전문직이 많다. '공부도 유전이다'
는 말이 괜히 나오는 게 아니다.

공부를 못해서 좌절한 누군가는 이렇게 말한다. "나는 노력을 안 했
을 뿐이야." 그 말 속에는 이런 뜻이 숨어 있다. '나는 재능이 없다는 걸
인정하고 싶지 않아.'

그렇다면 이제 진짜 중요한 질문을 던져보자. 일은 재능일까, 노력일
까? 내 생각엔 '일도 재능'이다. 특히 사회생활에서는 그게 더 확실히 드
러난다. 사람들과 처음 만나도 어색하지 않은 친화력, 설득할 때 필요
한 공감 능력과 말재주, 멘탈이 흔들리지 않는 자기 통제력, 단순한 실
행이 아닌, 기획하고 몰입하고 끝까지 해내는 추진력. 이런 것들이 한
사람의 일머리를 결정짓는다. 그리고 직장에선 이 능력들이 누가 시키
지 않아도 표가 난다. 영업 잘하는 사람, 보고서 잘 쓰는 사람, 회의에서
핵심을 찌르는 사람, 마감에 절대 늦지 않는 사람… 이들은 일종의 타고
난 재능을 갖고 있는 듯 보인다.

그런데 중요한 건 여기서부터다. 우리는 이 '일 잘하는 방법'을 배운
적이 없다는 사실이다. 초등학교부터 고등학교, 대학교까지 우리는 무
려 십수 년 동안 수학, 국어, 영어, 과학은 배웠다. 하지만 '보고 잘하는
법', '상사와 소통하는 요령', '회의 때 언제 발언해야 할지', '프로젝트를
기획부터 마무리까지 끌고 가는 방법' 같은 건 단 한 번도 배운 적이 없다.

직장에 들어와서야 깨닫는다. '나는 일을 못해서 혼나는 게 아니라, '일
하는 방법'을 몰라서 지적받는 거구나.' 이게 현실이다.

그래서 일 잘하는 후배가 있으면, 선배들은 이렇게 말한다. "쟤 일머

사회생활 생존키트

리가 있어", "쟤는 센스가 있다", "쟤는 시키지 않아도 미리 해놓는다." 하지만 이런 '일머리'도 결국은 배울 수 있다. 다만 그걸 어디서, 누구에게, 어떻게 배울 수 있는지가 문제다.

운이 좋으면 훌륭한 상사를 만나 옆에서 흡수할 수 있겠지만, 그렇지 않다면? 결국 자기 스스로 깨닫고 체화해가야 한다. 그렇기 때문에 이 책은 훌륭한 배움터가 될 것이다. 누구나 선천적인 재능을 타고난 것은 아니지만, 일 잘하는 방법은 분명히 학습 가능하다.

요약 정리 　　　　　　　　　　　　 ─ ▢ ✕

- 예체능, 공부, 일 모두 재능의 영역이 중요하다.
- 공부 잘하는 것도 유전적인 영향이 크며, 노력만으로 넘기 어려운 벽이 존재한다.
- 일도 재능이다. 추진력, 말재주, 기획력 등은 타고나기도 한다.
- 하지만 다행히도, 일 잘하는 법은 '학습'이 가능하다.
- 이 책은 그 '일 잘하는 방법'에 대해 구체적이고 실전적으로 안내하는 책이다.
- 타고난 재능이 없어도, 일머리는 습득 가능하다.

4장

나를 단단하게 만드는 생각들

너 내년에
승진시켜 줄게

"너 내년에 승진시켜 줄게." 직장생활을 하다 보면 누구나 한 번쯤은 이런 말을 들어본다. 그 한마디는 기분을 들뜨게 만들고, 잠시나마 나의 노력과 존재를 인정받은 것 같은 착각을 일으킨다. 그러나 시간이 지나도 아무 일도 일어나지 않으면 그 말은 희망 고문으로 남을 뿐이다. 믿고 따랐던 말이 현실이 되지 않았을 때 느끼는 허탈함은 말에 기댄 사람에게 남는 대가다.

그런데 이렇게 얘기하는 오너의 속깊은 본심은 무엇일까? 굳이 표현하자면 '내년에 승진시켜 줄 수 있도록 더 기여를 많이 해' 이런게 아닐까?

중요한 건 승진은 말로 이루어지지 않는다는 것이다. 승진을 결정짓는 건 결국 '성과'다. 말보다 앞서야 할 것은 숫자이며, 기분보다 중요해야 할 것은 결과다. 아무리 누가 승진을 약속해도, 내가 성과로 증명하지 못한다면 그 약속은 언제든 무효가 될 수 있다.

실제 인사 평가에서 다뤄지는 건 말이 아니라 데이터다. 그동안 어떤 프로젝트를 해냈는지, 어떤 가치를 조직에 더했는지, 어떤 문제를 해결했는지, 이런 팩트가 테이블 위에 오르지 않으면 승진은 그저 기대일 뿐이다.

그렇기에 '내년에 승진'이라는 말을 들었을 때는 그 말에 마냥 기뻐하기보다 그 말을 뒷받침하는 구체적인 기준을 아는 것이 중요하다. "지금처럼만 하면 돼"라는 애매한 말은 경계해야 한다. 승진에는 반드시 조직이 기대하는 명확한 지표가 존재한다. KPI는 무엇인지, 나의 기여가 그 기준에 어떻게 연결되는지, 객관적으로 파악하고 있어야 한다. 목표가 모호하면 결과도 모호하다.

더 나아가, 승진 약속은 상사의 진심일 수도 있지만, 경우에 따라서는 단기적 성과를 이끌어내기 위한 관리 도구일 수도 있다. 동기를 부여하고 몰입을 유도하기 위한 말일 뿐, 실제 인사권자의 계획과는 무관할 가능성도 배제할 수 없다.

그래서 더더욱 말보다는 행동의 변화를 주목해야 한다. 진짜 승진 대상자는 말이 아니라 책임으로 먼저 평가받는다. 중요한 프로젝트를 맡게 되거나, 결정권이 있는 회의에 초대되고, 영향력 있는 역할이 부여되는 식의 변화가 나타난다. 그런 징후가 보이지 않는다면, 말로 주어진 기대에 스스로 속고 있을지도 모른다.

나는 예전에 회장님이 직접 주재한 임원 승진 축하 자리에 참석한 적이 있다. 모두가 새로 임원이 된 이들을 축하하며 그동안의 노고를 격려했다. 따뜻하고 의미 있는 순간이었다.

그때 나는 조심스럽게 이런 말을 했다. "오너의 깊은 본심은, 그동안 회사에 기여를 많이 해서 승진시켜준 것도 맞지만, 임원이 된 이후에 더 많은 기여를 하라는 것이 더 솔직한 마음일 것입니다."

아마도 이게 본심일 것이다. 우리는 흔히 승진을 끝으로 착각한다. 마치 정상에 올라선 것처럼 생각하고, 이제 좀 편해도 되겠다는 심리를 갖기도 한다. 하지만 승진은 끝이 아니라 시작이다. 오히려 이제부터가 진짜다.

그동안은 '개인의 성과'로 평가받았다면, 승진 이후에는 '조직 전체에 미치는 영향력'으로 평가받는다. 리더십, 후배 양성, 조직 문화 기여, 위기관리 능력 등, 이전보다 더 복합적인 책임이 따라온다. 승진은 보상이 아니라 새로운 기대의 발화점인 셈이다.

그래서 승진을 누가 시켜준다고 생각하지 말고 '될 수밖에 없는 사람'이 먼저 되어야 한다. 그 자격은 내가 만든다. 스스로 성과를 증명하고, 사람들과 신뢰를 쌓고, 조직의 문제를 해결해낸 경험이 쌓이면, 승진은 누가 시켜주지 않아도 기회가 찾아온다.

마지막으로 꼭 기억해야 할 것이 있다. 직장은 감정이 아니라 팩트로 움직인다는 것이다. "믿었는데 안 시켜줬어요"라는 말은 아무런 설득력이 없다. 감정보다는 실적이 필요하고, 기대보다는 증거가 필요하다. 지난 6개월간 어떤 결과를 냈는지, 어떤 문제를 해결했는지, 어떻게 조직의 방향성에 기여했는지를 명확하게 보여줄 수 있어야 진짜 승진 후보가 되는 것이다.

"너 내년에 승진시켜 줄게." 그 말에 흔들리기보다는, 그 말을 현실로 만드는 성과와 태도에 집중하자. 말은 상황에 따라 바뀔 수 있지만, 실적은 변명 없이 증명된다. 그리고 진짜 승진은, 자격을 갖춘 사람에게는 결국 찾아오게 되어 있다.

요약 정리　　　　　　　　　　　　　　　　　　　— □ ✕

- "지금처럼만 해"라는 말은 애매한 기준일 수 있으므로, 명확한 목표와 KPI를 확인하라.
- 승진 약속은 때로 동기 부여용일 수 있음을 경계하고, 말보다 행동의 변화를 주목해야 한다.
- 승진은 끝이 아니라 시작이며, 이후 더 큰 책임과 기여를 요구받는다.
- 직장은 감정보다 팩트가 우선이다. 실적과 기여로 증명할 수 있어야 진짜 승진이 가능하다.

마음을 내려놓는
용기

직장생활을 하다 보면, 능력보다 더 절실한 것이 '마음을 내려놓는 능력'일 때가 있다. 아무리 능력이 뛰어나도, 모든 것을 다 책임지려는 마음 때문에 스스로를 몰아붙이다 보면 결국 일도 그르치고 나 자신도 상처 입게 된다. 중요한 것은 일보다 '나'다. 일이 실패하더라도 나는 무너지지 말아야 한다. 결국 일을 해나가는 것도, 문제를 풀어나가는 것도 '나'라는 존재가 있어야 가능한 것이다. 따라서 일이 안 풀릴 때 '될 대로 되라지' 하고 마음을 놓아버리는 게 꼭 패배는 아니다. 오히려 나를 지키기 위한 전략이다.

우리가 예상하는 최악의 상황은 실제로는 잘 일어나지 않는다. 많은 직장인들이 걱정과 압박에 시달리지만, 막상 현실에서는 그 걱정의 80% 이상은 일어나지 않는다고 한다. 과도한 스트레스는 일을 더 망치게 하고, 결과적으로 내 커리어 전체에 좋지 않은 영향을 준다.

특히 직급이 높아질수록 책임감은 무거워지고, 스트레스도 심해진다. 예전에는 단순히 보고서를 쓰면 끝나던 일인데, 수많은 이해관계자들과의 조율, 조직의 전략, 리스크 관리까지 함께 떠안게 된다. 이럴 때 일수록 내 마음을 관리하는 능력이 중요해진다. 스트레스를 줄이는 가장 근본적인 방법은 내 마음을 컨트롤하는 것이다. 외부 상황은 바꿀 수 없지만, 그 상황을 대하는 나의 태도는 바꿀 수 있다.

한 번쯤 자문해보자. '나는 나 자신과 친한가?' 생뚱맞게 들릴 수 있다. 하지만 많은 이들이 겪는 마음의 허기는 결국 '자기 자신과의 불화'에서 시작된다.

직장에서 좋은 인간관계를 맺기 위해 애쓰면서도 정작 자기 자신과는 서먹한 사람들이 있다. 혼자 있는 시간이 불편해서 늘 사람들과 어울리려 하고, 나를 증명하려고 애쓴다. 그래서 남들 앞에서는 항상 밝고 당당한 모습을 유지하지만 혼자가 되는 순간 자신을 비난하고 깎아내린다. 연예인, 유명인, 사회적으로 성공한 사람들 중에서도 이 같은 이중적인 삶에 지쳐 무너지는 경우가 많다. "그렇게 안 보였는데…"라는 말은 그래서 자주 들린다.

우리는 외부 평가에 민감하게 반응한다. 상사의 칭찬, 동료의 인정, 조직 내 입지. 이런 것들이 내 존재 가치를 증명해주는 도구가 되기도 한다. 하지만 문제는, 그런 기준이 흔들릴 때 나 자신도 함께 흔들린다는 것이다. 진정한 안정감은 외부가 아닌 내부에서 나와야 한다. 남들이 뭐라 하든 '나는 괜찮다'고 스스로 말할 수 있는 내면의 단단함, 그게 필요하다.

성과 중심의 조직사회에서 우리는 늘 '더 잘해야 한다'는 강박에 시달린다. 하지만 모든 일에서 100점을 받을 수는 없다. 그리고 어떤 때는 내가 멈추지 않으면 아무것도 지킬 수 없다.

한 가지는 분명하다. 지금 내가 잠시 쉬어도, 주저앉아도, 세상은 무너지지 않는다. 기회는 다시 온다. 하지만 내가 무너지면, 기회가 와도 다시 일어설 수 없다.

그렇기에 기억하자. 일은 잠시 내려놓을 수 있어도, 나는 내려놓으면 안 된다. 마음을 내려놓는 용기, 그것이 때로는 최고의 생존전략이다. 그리고 긴 사회생활에서 가장 지혜로운 전략일지도 모른다.

요약 정리

- 일보다 중요한 건 나 자신이다. 일이 실패해도 내가 무너지면 안 된다.
- 마음을 내려놓는 건 도피가 아닌 전략이다. 예상한 최악의 상황은 실제로는 잘 일어나지 않는다.
- 직급이 올라갈수록 스트레스 관리가 곧 경쟁력이다. 마음 관리 능력이 성과보다 더 중요할 수 있다.
- 자기 자신과 친해져라. 외부 인정보다 '내가 나를 인정하는 힘'이 진짜 안정감을 만든다.
- 내려놓는 연습을 하자. 쉴 줄 알아야 다시 뛸 수 있다.
- 기억하자. 기회는 다시 온다. 하지만 나 자신은 단 한 번뿐이다.

고객은 진실을 말하지 않는다
– 그래서 공식이 필요하다

영업은 쉬운 일이 아니다. 특히 요즘같이 경쟁이 치열한 시대에는 단순히 '좋은 제품'을 소개한다고 팔리지 않는다. 고객은 때로는 진심을 감추고, 때로는 아무 말 없이 떠난다. 따라서 '팔겠다'는 관점보다는, 고객이 '왜 사는가'를 파고드는 관점이 훨씬 더 중요해졌다.

나는 영업을 오래 해오며 스스로 정리해본 다섯 가지 핵심 공식을 '영업자의 법전'이라 부른다. 어느 순간부터 나는 이 다섯 가지 원칙을 마치 나침반처럼 삼고 현장을 누볐다. 지금도 후배 영업자들에게 꼭 전하고 싶은 이야기다.

제1법칙 – 마케팅은 '인식'이다

아무리 좋은 기술, 스펙, 기능이 있더라도 고객이 그렇게 '느끼지' 않으면 무의미하다. 고객의 머릿속에 어떻게 각인되느냐가 마케팅의 전부다.

이를테면 똑같은 물이라도, 에비앙과 일반 생수의 차이는 결국 인식에서 비롯된 브랜드 가치다. 사실보다 중요한 건, 고객의 머릿속에 남는 '그림'이다.

제2법칙 – 더 좋은 것보다 더 빠른 것이 낫다

기술이 아무리 뛰어나도, 타이밍을 놓치면 무용지물이다. 시장에서의 '속도'는 생존이다. 고객은 완벽한 제품보다 지금 당장 쓸 수 있는 대안을 원한다. 실제로 많은 시장 1등 제품이 '가장 완벽한 제품'이 아니라 '가장 먼저 나온 제품'이다. 개발실에서 90점을 고민할 때, 경쟁사는 이미 70점을 시장에 내놓고 고객을 먼저 만나고 있다.

제3법칙 – 좋은 제품이 잘 팔리는 게 아니라 잘 팔리는 것이 좋은 제품이다

영업을 하다 보면 이런 말을 자주 듣는다. "이건 정말 좋은 제품인데 왜 안 팔릴까요?"

사실 고객은 '좋은지' 여부로 판단하지 않는다. 오히려 '필요하냐', '편하냐', '익숙하냐'로 판단한다. 정말 냉정한 말이지만, 잘 팔리지 않는 제품은 고객 기준에선 '좋지 않은 제품'이다. 따라서 마케팅은 '가치'가 아니라 '소비자 시선'을 기준으로 판단해야 한다.

제4법칙 – 사용하는 사람이 고객이 아니라, 돈 내는 사람이 고객이다

많은 영업사원이 실제 사용자만 바라보고 설명하고 설득한다. 그러나 의사결정권은 종종 '결제권자'에게 있다. 특히 B2B 영업에서는 더욱 그렇다. 현장 담당자는 기능을 보지만, 팀장은 비용 대비 효율을 본다. 대표는 전략적 파급 효과를 본다. 즉, 고객은 단수가 아니라 '구성원 전체'다. 그 중에서도 최종 결제를 누가 하느냐를 중심으로 전략을 짜야 한다.

제5법칙 – 영업사원을 다그치기 전에 '팔릴 구조'를 만들어라

많은 조직이 성과를 내지 못할 때 가장 먼저 '영업팀'을 탓한다. 하지만 정말 먼저 점검해야 할 것은 제품의 경쟁력과 판매 조건이다. 아무리 열정적인 영업사원도 '팔릴 수 없는 구조'에서는 무기력해진다. 가격 정책, 프로모션, 배송 시스템, A/S 체계까지. 이 모든 조건이 갖춰졌을 때 비로소 영업사원이 힘을 낼 수 있다.

영업의 본질은 사람을 움직이는 일이다

영업은 단순한 제품 설명이나 할인 제안의 싸움이 아니다. 그건 단지 '전달'일 뿐이다. 진짜 영업은 상대방의 '결정'을 이끌어내는 일이다. 그래서 영업자는 세상의 흐름을 읽을 줄 알아야 하고, 사람의 마음을 관찰할 줄 알아야 한다. 감정, 기대, 두려움, 그리고 욕망까지. 그 깊은 곳을 이해하지 못하면, 결코 '왜 사는가'에 도달할 수 없다.

이 다섯 가지 법칙은 단순한 매뉴얼이 아니다. 당신이 오늘 만나게 될 고객의 마음을 푸는 다섯 개의 열쇠이자, 성과를 만드는 실전의 기준점이다.

요약 정리   — ☐ ✕

- 마케팅은 인식이다. 고객의 머릿속에 어떻게 남는지가 중요하다. 진실보다 '이미지'가 우선이다.

- 더 좋은 것보다 더 빠른 것이 낫다. 완성도를 높이기보다는 타이밍을 선점하라. 시장은 기다려주지 않는다.

- 좋은 제품이 잘 팔리는 게 아니라 잘 팔리는 것이 좋은 제품이다. 아무리 우수한 제품이라도 고객이 선택하지 않으면 의미 없다. 시장이 평가한다.

- 사용자가 아닌 돈 내는 사람이 고객이다. 실제 사용자가 아닌 결제권자를 설득해야 거래가 성사된다.

- 팔릴 수밖에 없는 구조를 먼저 만들어라. 영업사원을 다그치기보다, 시스템과 여건을 점검하는 것이 우선이다.

회식은 회식답게
– 웃고, 즐기고, 남는 게 있어야 한다

90년대 중반, 막 사원으로 입사했을 때의 기억이다. 회식은 그저 달갑지 않은 통과 의례였다. 선배들 눈치 보며 먼저 자리 잡고, 소주 병 나르며 상사의 눈치를 살피고, 억지 웃음까지 장착해야 했던 시간. 당시 회식은 1차로 끝나는 경우가 거의 없었다. 식당에서 시작해 노래방, 술집, 포장마차까지 이어지는 '4차 풀코스'가 회식의 정석처럼 여겨졌고, 그 끝엔 늘 새벽 3시쯤 집에 들어갔다.

더 문제는 다음 날 아침이었다. 겨우 눈을 붙이고 출근은 평소처럼 8시. 머리는 깨질 듯 아프고, 속은 울렁거리고, 당연히 업무에 집중되지 않았다. 그래도 그때는 4차까지 버티는 사람이 '사회성 좋은 직원'으로 인정받았다. 참으로 무모한 문화였다.

또 기억나는 장면 하나, 회식장에 다들 소란스러울 때 누군가 "지방 방송 끄고~"를 외친다. 순간 분위기는 숙연해지고, 상석의 이사님이 일어나서 건배사를 외친다. "회사의 무궁한 발전을 위하여!" 그러면 모두가 자동 반사처럼 "위하여~!"를 외친다. 그리고 이사님은 속으로 흐뭇하

게 생각한다. '역시 내가 우리 조직에 기를 넣었어. 나는 할만큼 다했어.'

회식은 즐거워야 한다. 그래야 회식이다

지금 내가 있는 조직에서는 회식을 조금 다르게 운영하고 있다. 원칙은 단 하나다. 재미있어서 다음에 또 참여하고 싶을 것. 그리고 자발적으로 참여하고 싶을 것.

나는 회식 때 모든 직원이 돌아가며 건배사를 하자고 한다. 처음엔 낯설어 어색해하지만, 점차 미리 멘트를 준비해오고, 센스 있는 표현도 나온다. 아울러 아무래도 모두들 앞에서 하다 보니 긍정 바이러스를 전파하는 기회가 된다.

또 하나의 재미는 '영어 벌주'다. 회식 중 영어를 쓰면 소주 한 잔 벌칙이 주어진다. 예를 들어 '콜라'를 말하고 싶다면 '검정 탄산수'로 바꾸고, '소스'는 '찍어 먹는 장'이라고 표현해야 한다. 실수로 영어를 쓰면 흑기사가 대신 마셔주고, 그러면서 자연스럽게 웃음이 터진다.

무리하게 술을 권하지도 않는다. 본인의 주량에 맞게, 분위기를 즐기면서 마시다 보니 실수도 없다. 그리고 건배사가 모두 끝난 후부터는 영어 사용이 허용된다. 제한이 풀릴 땐 또 다른 해방감으로 유쾌함이 더해진다.

회식 중반에는 내가 준비해온 로또 10장을 걸고 가위바위보 게임을 한다. 혹은 간단한 퀴즈를 내고 정답을 맞춘 직원에게 작은 선물을 준다. 분위기가 무르익고, 웃음이 터지고, 마무리는 항상 1차에서 깔끔하게. 회식 종료는 공식처럼 "종료 박수!"를 치며 끝낸다.

즐거움이 남아야 진짜 회식이다

회식은 업무의 연장이 아니라 조직의 온기를 나누는 시간이다. 웃음이 오가고, 팀원 간의 격이 줄어들고, 다음 날에도 "몇 차까지 갔다"가 아니라 "재밌었다, 또 하고 싶다"라는 말이 나온다면, 그 회식은 성공이다.

회식은 우리 조직 문화를 보여주는 거울이다. 그 속에 존중이 있고, 배려가 있고, 재미가 있다면 그 회식은 사람을 더 단단하게 만든다. 반대로 위계와 강요, 눈치와 피로감만 남는다면 차라리 안 하느니만 못하다.

요약 정리   — □ ✕

- 과거의 회식은 '강제성'과 '술자리의 끝장 문화'가 중심이었다면, 이제는 '자발성'과 '즐거움'이 중심이어야 한다.
- 회식은 직원들끼리 웃고 떠들고, 다음에도 오고 싶은 자리여야 한다. 진정한 회식은 팀워크와 조직 문화의 축제여야 한다.
- 형식적인 건배사보다는 직원 각자가 준비한 건배 멘트로 긍정 바이러스를 퍼뜨리자.
- 회식의 목적은 친밀함과 즐거움을 남기는 것이다. 다음 날에도 일 잘 되는 회식, 그게 진짜 회식이다.

문제 해결 능력
– 진짜 중요한 건 '의지'다

회사에서 능력 있는 사람을 이야기할 때 흔히 '문제 해결 능력이 탁월한 사람'이라는 표현을 쓴다. 특히 중간관리자 이상의 직책을 맡고 있다면 실무뿐 아니라 각종 의사결정과 돌발 상황 대응이 업무의 중심이 되기에, 이 능력은 인사고과에서도 핵심 항목으로 취급된다.

예전에 같이 일했던 이부장이 딱 그랬다. 새로운 과제를 맡으면 그는 특별한 경험이나 전문 지식이 없어도 묵묵히 하나씩 시도하면서 문제를 풀어냈다. 시행착오를 두려워하지 않고, 오히려 시행착오를 통해 답을 찾아가는 사람이었다. 주변에서는 "이부장은 진짜 문제 해결 능력이 있는 사람"이라고 인정했고, 나 역시도 그렇게 생각했다.

하지만 시간이 흐르면서 더 본질적인 깨달음을 얻게 됐다. 이부장이 가진 가장 큰 장점은 단순한 '문제 해결 능력'이 아니라, '문제 해결 의지'였던 것이다. 그는 지식보다 태도가 먼저였고, 정답보다 시도가 먼저였다. 그 어떤 상황에서도 "안 됩니다"보다는 "한번 해보겠습니다"를 먼저 말했다.

의지가 능력을 이긴다

우리는 흔히 능력이라는 단어에 속는다. '나는 원래 기획을 못해', '나는 숫자에 약해', '나는 이런 상황에 머리가 안 돌아가' 같은 생각으로 스스로의 능력 부족을 인정해버린다. 그런데 진짜 문제는 그런 능력 부족이 아니라 그것을 개선하거나 극복하려는 '의지 부족'이다.

실제로 많은 직장인들이 문제 앞에서 능력이 없어 포기하는 게 아니라 '귀찮아서' 혹은 '실패가 두려워서' 물러선다. 반대로, 해결할 의지를 갖고 집요하게 파고들면 대부분의 문제는 일정 수준 이상은 풀리게 마련이다. 물론 그 과정에서 실패도 하고 실수도 하겠지만, 그 경험이 결국 진짜 능력이 된다.

나는 '이건 방법이 없습니다'라는 말을 싫어한다

회사 생활을 하며 가장 듣기 싫은 말 중 하나가 "이건 방법이 없습니다"라는 말이다. 물론 해결이 쉽지 않은 일도 있다. 그러나 그 말 속에는 너무 쉽게 포기하려는 기색이 묻어난다. 나는 그보다 "아직 되는 방법을 못 찾았습니다"라는 표현이 훨씬 마음에 든다.

둘 사이의 차이는 단순한 표현 문제가 아니다. 전자는 문제 앞에 멈춰선 사람의 말이고, 후자는 아직도 길을 찾고 있는 사람의 태도다. 전자는 손을 놓은 상태고, 후자는 손을 놓지 않은 상태다. 이 작은 언어의 차이가 실제 업무 결과를 좌우하는 경우가 정말 많다.

문제를 푸는 사람이 아니라, 끝까지 풀어보는 사람

능력이란 결국, 태도와 습관의 합이다. 세상에 처음부터 완벽하게 문제를 푸는 사람은 없다. 오히려 반복되는 실패 속에서도 버티고, 다시 시도하고, 끝내 방법을 찾아내는 사람만이 진짜 문제를 해결하게 된다. 즉, 끝까지 풀어보는 사람이 문제를 푸는 사람이다.

실제 현장에서는 이런 사례가 비일비재하다. 같은 업무를 맡겨도 어떤 사람은 "자료가 없어서 못 합니다", "해본 적이 없습니다"라고 말한다. 반면 어떤 사람은 묵묵히 관련자에게 물어보고, 기존 사례를 찾고, 비슷한 데이터를 가공해서라도 결론을 도출해낸다. 두 사람의 차이는 단순히 '능력' 때문이 아니라, '의지'에서 비롯된다.

요약 정리   — ☐ ✕

- 문제 해결 능력의 진짜 핵심은 '의지'다. 지식이 부족해도 끝까지 시도하면 결국 답을 찾는다.

- '이건 방법이 없습니다'라는 말은 포기의 표현이다. 대신 "아직 되는 방법을 못 찾았습니다"라고 말하자. 이것은 여전히 길을 찾는 사람의 언어다.

- 기업은 완벽한 사람보다 끝까지 해보는 사람을 원한다. 문제 앞에서 포기하지 않고 실마리를 풀어내려는 태도가 곧 진짜 실력이다.

- 경험은 실패의 종합에서 나온다. 문제 해결 능력은 '시도와 복기'의 반복에서 만들어진다.

다음 생애에 태어나면
갑으로 태어나고 싶어

'다음 생엔 갑으로 태어나고 싶다.' 한 번쯤은 다들 이런 생각을 해봤을 것이다. 거래처 눈치를 보며 자료를 만들고, 몇 번이나 회신 없는 메일을 다시 보내고, 일정 맞춰달라는 부탁에 밤샘을 반복하며 살아온 을(乙)의 삶. 그 끝에 돌아오는 건 '검토해보겠다'는 말 한마디일 때, 우리는 마음속으로 되뇐다. '다음 생엔 꼭 갑으로 태어나고 말겠어.'

하지만 생각해보면 사회생활을 하며 때로는 갑이기도 했고, 또 어떤 순간에는 을이기도 했다. 직급이 올라가고 연차가 쌓여도 완전한 갑의 위치에 서는 일은 드물다. 어떤 일에서는 을이고, 또 어떤 일에서는 갑이다. '갑과 을'은 지위나 직책이 아니라, 관계의 구도에 따라 언제든 바뀔 수 있는 상대적인 개념이다.

선택권이 있는 자가 진짜 '갑'이다

내 인식을 바꿔준 강연이 있었다. 최철규 강사의 강의에서 그는 '진짜 갑은 선택권을 가진 사람'이라고 말했다. 상당히 일리있는 이론이다. '을'의 고통은 단순히 지위나 직책이 낮아서가 아니라, 선택할 수 없기 때문에 생기는 것이다.

발주는 발주자 마음이다. 조건이 안 맞으면 다른 곳을 택하면 된다. 하지만 수주자는? 상대가 요구하는 조건을 맞추지 않으면 기회 자체가 사라진다. 즉, 선택의 권한이 누구에게 있느냐가 갑과 을의 기준인 것이다.

세계 최고의 터빈 회사는 어디일까?

한 가지 사례를 들어보자. 독일의 지멘스 에너지(Siemens Energy)는 세계적으로 손꼽히는 발전용 가스터빈 제작 회사다. 이 회사의 터빈은 열효율이 64.18%에 이르며, 세계 최고 수준의 기술력을 인정받고 있다.

여기서 생각해보자. 이 회사에 제품을 발주하는 고객사는 겉으로 보면 '갑'이다. 돈을 주는 쪽이니 갑처럼 보인다. 그러나 실제는 다르다. 지멘스 에너지는 매해 전 세계에서 넘쳐나는 수주 문의 중에서 자신들이 원하는 고객사와만 거래한다. 결국, 선택권은 이 회사에 있다. 기술력과 성과가 뒷받침되면 을처럼 보이는 기업도 당당한 갑이 될 수 있는 것이다.

우리도 갑이 될 수 있다

이 사례는 우리에게 매우 중요한 시사점을 준다. 큰 회사만 갑이 되는 게 아니다. 중소기업이라도, 스타트업이라도, 경쟁력이 있다면 갑의 위치에 설 수 있다. 핵심은 차별화다. 남들이 흉내 낼 수 없는 기술, 구조, 노하우, 고객 신뢰를 쌓는다면 선택권은 우리 쪽으로 넘어온다.

내가 몸담고 있는 회사에서도 비슷한 경험이 있었다. 경쟁입찰이 아니라 '귀사만이 이 일을 해줄 수 있다'는 이유로 설계 단계부터 참여해달라는 요청을 받은 적이 있다. 기술력이 곧 신뢰로 이어지고, 신뢰가 갑의 조건이 된 것이다.

선택받는 자에서, 선택하는 자로

직장인으로서 우리가 궁극적으로 추구해야 할 방향은 단순히 고객의 만족을 채워주는 역할을 넘어서 고객이 우리를 필요로 하게 만드는 것이다. 단가 싸움에 끌려다니는 것이 아니라 '이 가격이어야 가능하다'는 설득력을 갖는 것. 그 시작은 내가 다루는 일의 전문성을 갖추고, 대체 불가능한 나만의 강점을 만드는 것이다.

쉽지 않다. 하지만 결국 일을 하면서 나의 시간과 노력, 회사의 자원과 인프라가 쏟아지는 방법은 한 가지다. 을에서 갑이 되는 길. 선택받는 입장에서 벗어나 선택하는 입장으로 서기 위해 우리는 매일 실력을 키워야 한다.

요약 정리 — □ ✕

- 갑과 을은 직책이 아닌 선택권의 유무에 따라 나뉜다. 선택할 수 있는 자가 '갑'이다.

- 기술력, 신뢰, 전문성이 쌓이면 을도 갑이 될 수 있다.

- 직장인도 결국, '선택받는 자'가 아닌 '선택하는 자'가 되어야 더 나은 경력과 삶을 만든다.

사회생활 생존키트

딜레마 존
– 멈춤이 지혜일 때

운전 중 사거리 근처에 다다랐을 때, 갑자기 신호등이 황색으로 바뀌는 순간을 경험해 본 적이 있을 것이다. 바로 그 찰나, 많은 운전자들이 '지나갈까, 멈출까'를 고민한다. 이 짧은 순간은 '딜레마 존(Dilemma Zone)'이라고 불린다. 브레이크를 밟기엔 너무 가까웠고, 가속하기엔 애매한 거리. 선택은 단순해 보이지만 실은 한 사람의 습관과 성향, 그리고 사고방식이 고스란히 드러나는 순간이다.

나는 이런 상황에서 "무조건 멈추라"고 조언한다. 지나쳐서 몇 초 이득 보는 일이 생기기도 하겠지만, 언젠가는 –100점짜리 사고로 돌아올 수도 있다. 급한 마음에 속도를 내다가 교차로에서 사고가 나거나, 신호 위반으로 과태료를 물거나, 더 나아가 다른 사람의 생명까지 위협할 수 있다. 단 한 번의 선택이 크고 깊은 후회를 남기기도 한다.

이 딜레마 존의 개념은 도로 위 상황에만 해당하는 것이 아니다. 직장에서도 마찬가지다. 특히 목표달성을 위해 무리한 결정을 내릴 때, 우리는 종종 직장판 딜레마 존에 진입하게 된다.

'성과'라는 미끼에 걸린 선택

한 대기업의 B과장은 분기 목표가 임박한 상황에서 유력 고객사의 주문을 받아냈다. 문제는 계약 조건이었다. 공급단가는 매우 낮았고, 납기는 비현실적으로 촉박했으며, 수금 조건도 불투명했다. B과장은 고민 끝에 "일단 수주부터 하고 보자"는 결정을 내렸다. 이 한 건만 달성하면 KPI가 채워지고, 연말 평가도 좋게 받을 수 있을 거란 기대 때문이었다.

하지만 결과는 예상을 빗나갔다. 납기지연으로 클레임이 발생했고, 제품 단가가 너무 낮아 손해가 났으며, 수금 과정에서도 고객사의 미지급 문제가 발생했다. 회사는 결국 그 프로젝트에서 마이너스 실적을 기록했고, B과장은 이듬해 인사이동 대상이 되었다.

사건이 지나고 나서 B과장은 말했다. "그때 신호등이 노란불이었다는 걸 알고 있었어요. 그런데 '이번만은 괜찮겠지'라는 마음으로 가속페달을 밟았던 거죠."

멈춤은 실패가 아니다

업무 중에도 우리는 종종 딜레마 존에 들어선다. 마감일은 촉박한데 자료가 충분치 않거나, 고객이 원하는 조건은 무리한데 당장 수주를 포기하기는 아쉬운 상황. 이럴 때는 잠깐이라도 멈춰서 점검해봐야 한다. 리스크를 짚어보고, 객관적으로 판단하고, 필요하다면 상사나 동료의 의견을 구하는 것이 지혜다.

많은 직장인들이 무조건 성과를 내야 한다는 압박 속에서 중요한 신호를 무시한다. 황색불을 보면서도 '지금 아니면 기회가 없다'는 생각에 무작정 밀어붙인다. 하지만 그런 선택은 언젠가 후폭풍이 되어 돌아온다.

딜레마 존에서 멈추는 것은 결코 실패가 아니다. 오히려 그것은 자신을 보호하고, 조직을 보호하는 현명한 선택이다. 특히 경험이 많을수록, 직급이 높을수록 이 판단의 무게는 더 크다.

스스로 판단이 어렵다면? 묻는 것도 실력이다

직장 내에서 무조건 독단적인 결정만이 능사는 아니다. 때로는 판단이 서지 않을 때 상사에게 조언을 구하고, 동료와 논의해보는 것도 실력이다. 특히 회의에서 다른 관점을 들어보는 것만으로도 전혀 다른 길이 보일 수 있다.

현명한 사람은 항상 '나 혼자의 판단이 틀릴 수 있다'는 전제를 염두에 둔다. 그리고 멈춰서 살펴보는 용기를 갖는다. 이는 단지 잠깐의 정지가 아니라, 더 큰 사고를 예방하고 더 나은 방향으로 가기 위한 전환점이 될 수 있다.

요약 정리   — □ ✕

- 딜레마 존은 운전뿐만 아니라 일상 업무에서도 자주 나타난다. 특히 '성과'라는 이유로 무리한 결정을 하게 되는 순간, 우리도 딜레마 존에 진입한 셈이다.

- 신호등이 황색일 때는 멈추는 게 정답일 수 있다. 잠깐의 판단 미스로 더 큰 손실을 초래하지 않기 위해 멈춤의 미덕을 배워야 한다.

- 판단이 어려울 땐 상사나 동료에게 묻는 것도 하나의 전략이다. 혼자 결정하지 않고 다양한 시각을 수렴하는 것은 실패를 줄이는 좋은 습관이다.

공격수와 수비수의 역할
– 직장 내에서의 진짜 '팀플레이'

직장에서는 종종 영업직을 '공격수', 관리직을 '수비수'에 비유하곤 한다. 어쩌면 자연스러운 비유일 수 있다. 영업직은 최전방에서 매출을 만들어내고 고객을 상대하며 시장을 뚫어야 하는 역할이기 때문이다. 반면 관리직은 그 영업 활동이 원활하게 이루어질 수 있도록 시스템을 관리하고, 리스크를 줄이며, 내부를 탄탄하게 다지는 데 집중한다.

하지만 여기서 중요한 점은 이 둘 중 어느 한쪽이 더 중요하거나 덜 중요하지 않다는 것이다. 진짜 성과는 공격수와 수비수가 조화를 이룰 때 나온다. 이는 축구나 야구, 어떤 팀 스포츠에서도 마찬가지다.

수비의 명장면은 위기를 막는 것이다

우리는 흔히 야구나 축구에서 공격 장면만을 하이라이트로 기억한다. 그러나 중요할 때 팀을 살리는 장면은 대부분 수비에서 나온다. 메이저리그에서 수비수의 다이빙 캐치 하나로 팀이 패배를 면하는 장면,

골키퍼가 한 발 빠르게 반응해 결정적인 실점을 막는 장면이야말로 명장면이다.

회사에서도 마찬가지다. 영업직이 대규모 계약을 따오고 새 시장을 개척하는 일은 박수 받을 만한 일이다. 하지만 그 과정에서 수주한 프로젝트가 제대로 수행되지 않거나 내부에서 지원이 따라주지 않는다면, 결과적으로는 손해로 돌아오는 경우도 많다. 잘못된 계산서, 미흡한 인허가 대응, 누락된 법적 검토 하나가 수억 원의 클레임을 불러올 수 있는 것이다.

공격과 수비의 협력 – 진짜 팀워크는 여기서 나온다

한 중견 제조기업에서 실제 있었던 사례다. A팀의 영업 담당자가 대형 유통업체와의 납품 계약을 성사시켰다. 기대감이 컸고, 회사 전체에 축하 분위기가 돌았다. 그러나 정작 출고가 시작되자 문제는 관리 파트에서 불거졌다. 제품의 규격을 맞추는 데 내부 공정이 따라가지 못했고, 품질 인증서류도 미비했다. 결국 납기 지연과 클레임이 발생했고, 계약은 중도에 해지되었다. 당시의 손실은 영업팀도, 관리팀도 모두 책임에서 자유로울 수 없었다.

반대로 B팀의 사례는 모범적이었다. 계약 체결 이전부터 품질팀, 물류팀, 법무팀까지 사전에 함께 검토에 참여했고, 수주가 확정되자마자 표준 작업 절차를 개정했다. 결과적으로 납품은 성공적으로 이루어졌고, 후속 추가 계약까지 자연스럽게 연결되었다. 중요한 건, 수비진의 역할이 전술 회의 때부터 전면에 있었다는 점이다.

공격수의 전략, 수비수의 전략

영업에는 순간의 판단력과 돌파력이 필요하다. 즉흥적이고 변화무쌍한 외부 환경을 상대해야 하기에 '기회 포착력'이 핵심 역량이다. 반면 관리 직무는 철저한 계획과 반복적 검토, 리스크 분석이 생명이다. 눈에 띄지는 않지만, 사고를 미연에 방지하는 능력이야말로 관리자의 존재 이유다.

가끔은 이런 속도와 관점의 차이 때문에 두 부문 사이에 갈등이 생기기도 한다. "관리팀은 너무 느려서 기회를 놓친다"는 영업의 불만, "영업팀은 현실성 없는 약속만 해온다"는 관리의 불만. 하지만 이런 시각은 모두 '자기 역할'만 강조한 결과다. 상대의 전략과 리듬을 이해하고 맞춰주는 순간, 진짜 시너지가 시작된다.

직장인에게 주는 시사점

- 공격수는 수비수를 믿고, 수비수는 공격수의 결정을 지지해야 한다. 믿음 없는 협업은 존재하지 않는다.
- 내가 빛나려면 누군가의 헌신이 필요하다. 그것이 팀워크의 본질이다.
- 성과는 앞에서만 만들어지지 않는다. 뒤에서 묵묵히 지지하는 역할이 있어야 성과는 지속된다.
- 회사에서의 역할은 축구 포지션과 같다. 각자의 영역에서 최선을 다하는 것이 조직 전체의 승리로 이어진다.

요약 정리   — □ ✕

- 영업은 공격수, 관리직은 수비수다. 어느 한쪽만으로는 조직의 성과를 완성할 수 없다.
- 수비의 역할은 위기를 사전에 막고, 영업의 성과가 실현되도록 돕는 것이다.
- 공격과 수비의 균형과 협력이 '조직의 진짜 경쟁력'을 만든다.
- 직장에서 나의 포지션을 인식하고, 동료의 역할을 존중할 때 비로소 팀은 승리할 수 있다.

사랑의 반대말은
'무관심'입니다

"사랑의 반대말은 증오가 아니라 무관심이다." 이 문장은 연애관계에만 국한되지 않는다. 오히려 직장이라는 집단, 공동체 속에서도 정확하게 적용된다. 직장에서 누군가 불만을 말한다는 건, 아직 기대가 있다는 뜻이다. "이건 좀 아닌 것 같다", "왜 이런 방식으로 하지?"라고 문제를 제기하는 사람은 최소한 회사의 방향이나 시스템에 관심이 있는 사람이다. 개선의 여지와 가능성을 바라고 있기 때문에 목소리를 낸다.

하지만 정말 주의해야 할 사람은 따로 있다. 바로 아무 말도 하지 않는 사람이다. 회의 자리에서 한 마디 의견도 내지 않고, 교육 때 조용히 뒤에 앉아 스마트폰만 만지작거리는 직원, 회식 때 일부러 구석자리만 고집하는 사람, 모두가 서로 얘기를 나눌 때에도 묵묵히 자리만 지키는 이들. 이들은 겉으로 보기에는 그저 '조용한 사람'일 수 있지만, 실제로는 조직과의 정서적 연결을 끊고 '관심을 꺼버린 사람'일 가능성이 높다.

스스로 변방이 되는 사람들

사람은 물리적으로든 심리적으로든 중심에 있고 싶어하는 본능이 있다. 그래서 어떤 자리에 자발적으로 '끝자리'를 선택하는 행동은 단순한 자리 배치의 문제가 아니다. 그것은 조직과의 거리감을 스스로 설정하는 신호다.

신입사원 교육 때 있었던 일이다. 전체가 둥글게 모여 앉은 자리에서 한 직원만 굳이 기둥 뒤편으로 가 앉으려 했다. 이유를 묻자 "여기가 시원해서요"라는 대답이 돌아왔지만, 표정과 태도에서는 무관심과 방관의 기류가 강하게 느껴졌다. 이후 몇 달 뒤, 그는 별다른 이슈 없이 조용히 퇴사했다. 마치 처음부터 발만 걸치고 있었던 사람처럼.

이런 '심리적 거리두기'는 작은 습관에서 시작된다. 회식 때 일부러 제일 끝에 앉기, 질문이 있어도 굳이 묻지 않기, 함께 웃는 순간에도 피식 웃는 척만 하기. 이런 작은 행동들이 쌓이면 결국 '나는 이 조직과 상관없어'라는 마음가짐으로 굳어진다.

반대로, 불만은 애정이다

한 중견기업의 팀장은 이렇게 말했다. "불평불만을 말하는 직원은 고맙다. 그 말 속에 '그래도 이건 좀 바뀌었으면 좋겠다'는 기대가 담겨 있기 때문이다." 그 말은 정답이다. 회사에 바라는 것이 있기 때문에 이야기하는 것이고, 그만큼 관심이 있다는 뜻이다.

조직도 사람과 같아서, 관계가 완전히 끊기기 전에는 마찰이 일어난다. 아무 감정이 없으면 갈등조차 없다. 진짜 위험한 건 불만을 말하지도 않고, 지적도 하지 않으며, 무표정하게 하루하루를 '출퇴근'만 하는 사람이다. 그런 직원은 어느 날 말없이 떠나고, 떠난 뒤에도 아무도 모른다는 사실이 더 큰 문제다.

조직의 신호를 읽는 리더가 되어라

리더라면 단순히 성과만 챙기지 말고 조직 분위기의 온도를 읽을 줄 알아야 한다. 회의 자리에서 발언이 없는 직원이 누구인지, 회식 때 스스로 외곽에 앉는 사람이 누구인지, 단체 공지에 늘 반응 없는 구성원이 누구인지 체크해보자. 무관심은 단절의 전조다. 그 단절이 오래 지속되면, 조직은 조용히 무너진다. 큰 소리로 무너지는 것이 아니라, 조용히 스러지는 것이다. 한 명, 한 명이 마음을 끄는 그 순간마다.

요약 정리   — ☐ ✕

- 사랑의 반대말은 무관심이다.
- 불평은 관심의 표현이고, 무관심은 관계 단절의 시작이다.
- 회식·교육·회의에서 늘 구석을 택하는 직원은 심리적으로 변방을 자처하고 있을 수 있다.
- 리더는 성과뿐 아니라 구성원의 '정서적 거리감'도 살펴야 한다.
- 무관심은 조직의 침묵 속 리스크다. 보이지 않는 신호를 읽는 것이 리더의 역량이다.

하는 것과
보이는 것의 차이

'성과'보다 더 중요한 '보여지는 성과'

직장에서 '저 사람 일 참 잘한다'는 평가는 꼭 실력만으로 이뤄지지는 않는다. 오히려 '일을 잘하는 것처럼 보인다'는 인상이 평가에 영향을 미칠 때가 많다. 이 말에 석연치 않은 기분이 드는 사람도 있겠지만, 직장이라는 공간은 공정함만으로 돌아가지 않는다. 실력과 결과, 그리고 그것이 어떻게 '보여지느냐'가 함께 어우러질 때 비로소 성과로 인정받는 구조다.

진짜 실력보다 강한 '보여지는 실력'의 힘

한 신입사원이 있었다. 그는 야근도 자주 하고 주어진 업무도 성실히 해냈지만, 상사의 평가는 늘 "성의가 부족하다"는 것이었다. 왜일까? 그는 중요한 회의 때마다 구석자리에 앉았고, 발표 때도 고개를 숙인 채 소극적으로 말을 이어갔다. 반면, 또 다른 동료는 실질적인 업무 성과는 부족했지만 보고서 제목부터 눈에 띄게 만들고 회의 때마다 주제와 상관없는 이야기라도 적극적으로 발언했다. 결국 인사평가에서 앞선 것은 후자였다.

이것이 현실이다. 우리는 모두 타인의 시선 속에서 살아가고 있고, 특히 사회생활에서는 '보여지는 것'이 의외로 큰 무게를 지닌다. 단순히 실무능력만으로는 평가받기 어렵다. 결국 성과는 1인칭의 노력과 3인칭의 시선을 모두 아우를 때 진짜로 인정받는 것이다.

'브랜딩'은 조직 안에서도 필요하다

개인 브랜딩은 더 이상 프리랜서나 사업가에게만 필요한 것이 아니다. 조직 안에서도 '자기 브랜딩'은 매우 중요하다. 브랜딩이란 거창한 것이 아니다. 내가 맡은 일을 어떻게 표현하느냐, 어떤 방식으로 전달하느냐, 그리고 어떻게 피드백을 받느냐까지 포함된다.

예를 들어, 같은 내용의 보고서라도 깔끔한 레이아웃과 핵심을 잘 정리한 도표로 상사의 판단을 완전히 바꿔놓을 수 있다. 마찬가지로, 프로젝트 중간중간의 작은 성과도 슬쩍 지나가지 말고 한 줄 요약이라도 상사에게 공유하는 태도는 '보이는 성과'를 쌓아가는 좋은 습관이다.

성과도 '스토리텔링'이 필요하다

성과는 사실 그 자체보다 '어떻게 전달되었느냐'가 더 중요할 때가 많다. 숫자만 나열된 보고서는 무색무취의 결과물이지만, '고객의 불만을 이런 방식으로 해결했고, 그 결과 매출이 이렇게 반등했다'는 식의 스토리텔링은 듣는 사람에게 생생한 인상을 남긴다. 업무는 혼자 하는 것이 아니고, 상사나 동료에게 공유되고 평가되어야 하기 때문에, '잘한 일'을 어떻게 표현하고 보여주는가는 그 자체로 전략이 된다.

보이는 것도 실력이다

어떤 사람은 이를 보여주기식이라며 경시한다. 그러나 보여주기라는 말은 겉과 속이 완전히 다를 때 쓰는 말이다. 실제 실력과 성과가 있는데도 보여주는 데 소홀해서 손해를 본다면, 그것은 전략적 미비다. 실력과 노력을 '보여주는 것'은 자랑이 아니라 필수 소통이다. 누군가가 알아봐주기만을 기다리는 태도는 이미 업무환경과 동떨어진 순진한 생각일 뿐이다.

우리는 모두 누군가에게 평가받는 위치에 있다. 그러므로 내가 어떤 사람인지, 어떤 일을 해내고 있는지를 '정확하게' 보여주는 노력은 오히려 상대방에 대한 배려이기도 하다. 이 점에서 '보이는 것' 역시 실력의 일부로 여겨야 한다.

요약 정리 ─ □ ✕

- '잘하는 것'과 '잘 보이는 것'은 다르다. 실력만큼이나 전달력과 인상이 중요하다.

- 작은 성과도 공유하라. 성과는 기록되고 인식되어야 의미가 있다.

- 자기 브랜딩은 조직에서도 필요하다. 업무의 내용만큼이나 형식과 표현도 성과의 일부다.

- 보여주는 것도 실력이다. 제대로 보여줘야 제대로 인정받는다.

금메달만이
살아남는다

초등학교 시절, '6년 개근상'을 받는다는 것은 그 자체로 큰 자랑이었다. 아프거나 결석하지 않고 묵묵히 학교에 다녔다는 것은 곧 성실함과 책임감의 상징이었기 때문이다. 그 시절 부모님도 칭찬했고, 선생님도 상장을 손에 들려주며 격려했다. 그런데 이 개근상의 가치가 사회생활에서는 과연 똑같이 유효할까?

특히 영업 직무에서는 개근상은 큰 의미가 없다. 아무리 하루도 빠짐없이 출근해도, 매일같이 고객을 만나고 움직여도 '성과'가 없다면 그것은 단순한 활동일 뿐이다. 기업은 출석률이나 노력 자체를 평가하지 않는다. 오직 성과, 그것도 '실질적 결과'만이 의미를 갖는다.

예를 들어 보자. 한 영업사원이 매일 고객을 찾아다니며 상담하고, 시제품을 전달하고, 이메일을 수십 통 보내며 시간을 보낸다고 하자. 하지만 이 모든 과정이 계약으로 이어지지 않는다면 회사가 그 노력을 '잘했다'고 평가할까? 고객 응대가 친절했는지, 일정에 성실했는지는 중요한 참고사항일 수는 있지만 그 자체로 인정받는 기준은 될 수 없다.

올림픽과 회사의 차이

올림픽 경기에는 금메달, 은메달, 동메달이 있다. 누구나 1등을 원하지만, 2등, 3등도 박수를 받고 존중받는다. 노력한 것 자체에 의미가 있고 출전만으로도 '도전'의 가치를 인정받는다. 하지만 기업의 생존은 다르다. 기업의 생존에는 은메달도, 동메달도 없다. 금메달, 즉 매출, 수익, 고객 확보라는 성과를 내는 자만이 살아남는다. 회사는 단체전이지만, 내부적으로는 끊임없는 경쟁과 실적 중심의 냉정한 평가가 이루어진다.

사내에서 팀 프로젝트를 진행했을 때, 구성원들 모두가 밤늦게까지 열심히 일했지만 정작 클라이언트의 니즈를 제대로 반영하지 못해 수주에 실패한 사례를 본 적이 있다. 이 경우 아무리 팀원 각자의 노고가 컸다 하더라도, 성과 없는 노력은 '아깝지만 실패'로 기록될 뿐이다.

결과가 말해주는 세계

사회에서는 "나는 정말 열심히 했어요"보다 "나는 어떤 결과를 만들었어요"가 더 중요하다. 이는 단지 영업 분야에만 국한되지 않는다. 마케팅, 기획, 연구개발 등 모든 직무에서도 결국 '결과 중심적 사고'를 갖춘 사람이 살아남는다. 회사는 시간이 아니라 성과에 투자한다. 일에 투입된 노력의 양보다, 결과의 질로 가치를 판단한다.

그렇다면 노력은 필요 없는 것인가? 그렇지 않다. 노력은 필요하다. 다만 '성과로 연결되는 노력'이어야 한다. 무의미한 활동에 시간을 쏟기보다는, 전략적인 방향을 잡고 고객이 진짜 원하는 것을 파악하고, 경쟁사보다 반 발 앞선 준비와 실행이 필요하다.

한 대기업 출신의 영업 부장은 신입사원 시절, 성과가 나지 않아 자책하며 "나는 정말 열심히 했는데 왜 안 되는 걸까요?"라고 상사에게 물었다고 한다. 그때 상사는 이렇게 말했다. "너는 '네가 하고 싶은 일'을 열심히 한 거고, 고객이 원하는 일은 놓쳤기 때문이야." 이는 성과는 노력의 방향이 맞을 때 따라온다는 사실을 말해준다.

요약 정리   — ☐ ✕

- 개근상은 초등학교에서나 의미가 있다. 사회에서는 출근율보다 성과가 중요하다.

- 올림픽에는 은메달과 동메달이 있지만, 기업에는 오직 '금메달(성과)'만 존재한다.

- 노력은 중요하지만, 성과로 이어지는 전략적 노력이 되어야 한다.

- 고객 중심, 결과 중심의 사고가 사회생활에서 살아남는 핵심 열쇠다.

이왕이면 즐겁게,
어차피 할 거면 앞장서자

군 복무 시절, 해병대 사단장님의 생활구호 중 하나가 지금까지도 내 삶에 깊이 새겨져 있다. "이왕이면 즐겁게, 할 바에야 앞장서자."

이 짧은 문장이 내게 준 교훈은 단순하지만 강력하다. 어차피 해야 할 일이라면, 억지로 끌려가듯 하기보다는 스스로 먼저 움직이며 의미를 찾자는 뜻이다. 그리고 그 태도가 결국 나 자신을 더 단단하게 만든다.

감정은 내가 통제하는 것

직장 생활을 하다 보면 업무량이 많고 스트레스가 쌓일 수밖에 없다. 그럴 때 중요한 건 '감정의 주도권'을 내가 갖는 것이다.

"짜증나 죽겠네", "왜 나만 이런 일을 시키지?" 하는 순간, 이미 감정은 내 것이 아니게 된다. 반면, "한번 해보자", "이번에 내가 앞장서보자"는 마인드를 가진 사람은 일 자체의 의미도 바꿔버린다.

감정은 외부 환경이 만드는 것이 아니라, 결국 내가 선택하는 것이다. 즐거운 사람이 즐거운 일이 많은 것이 아니라, 일을 즐겁게 만드는 사람이 즐거운 인생을 산다.

'앞장서는 자세'가 일의 결과를 바꾼다

회사에서도 보면 항상 앞장서는 사람이 있다. 회의가 끝나면 정리정 돈을 먼저 하고, 행사 준비나 팀 내 번거로운 일이 있을 때 먼저 손드는 사람 말이다. 이런 사람들은 일에서의 '즐거움'을 수동적으로 기다리지 않는다. '주도성' 자체가 그들에게는 동력이 된다. 단순히 부지런하다는 얘기가 아니다. 앞장서는 자세는 조직 안에서 자연스럽게 리더십을 만 들어낸다. 신뢰와 기회가 따라온다.

실제로 내가 함께 일했던 어느 직원은 업무보다 회식 때 더 열정적이 었다. 회식 자리를 정리하고, 상사에게 먼저 다가가 인사하고, 낯선 부서 사람에게도 먼저 말을 걸었다. 그는 나중에 팀장으로 승진했고, "자신이 먼저 다가가는 습관이 큰 도움이 되었다"고 말했다.

단체사진에서는 항상 중앙에

나는 단체사진을 찍을 때 항상 중앙에 선다. 회식 자리에서는 항상 높은 분 가까이에 앉는다. 이걸 누군가는 '튀는 행동'이라 볼 수 있겠지 만, 나는 그렇게 생각하지 않는다.

중앙에 선다는 건 중심이 되겠다는 자세이고, 상사 곁에 앉는 건 더 배우고자 하는 태도다. 물론 더 편하고 조용한 자리는 따로 있다. 하지 만 사회생활에서는 '편한 자리'보다는 '성장할 자리'를 선택해야 한다.

편한 걸 원한다면 집에서 쉬는 게 낫다. 마음이 편한 걸 원한다면 혼자 있는 시간을 늘리면 된다. 사회에서는 결국 '함께 살아가는 법'을 배워야 하고, 그 중심에 서는 용기가 필요하다.

'자기 위치'가 아닌 '자기 자세'가 중요하다

사회에서는 자기가 맡은 위치나 역할보다, 그것을 어떻게 대하는지가 더 중요하다. 자발적으로 움직이고 긍정적으로 받아들이는 사람은, 결과보다 더 큰 신뢰를 얻는다. 실적보다 태도, 능력보다 자세가 더 오래 기억되는 이유다.

요약 정리　　　　　　　　— ロ ✕

- 감정은 내가 선택하는 것이다. 어떤 상황에서도 긍정의 시선을 유지하자.
- 앞장서는 자세는 리더십의 출발점이며, 조직에서 존재감을 키우는 방법이다.
- 사회생활은 중심으로 나아가는 연습이다. 중심에 서야 중심을 이해하고 중심을 잡을 수 있다.
- 불편함을 두려워하지 말자. 성장의 시작은 언제나 익숙하지 않은 곳에서 일어난다.

행복의 본질
– 우리는 무엇을 위해 일하는가

좋은 대학 → 좋은 직장 → 높은 연봉 → 행복한 삶?

고등학교 시절, 우리는 모두 비슷한 공식을 따라 살았다. 좋은 대학에 가야 한다고. 그래야 좋은 직장에 들어갈 수 있고, 그러면 돈도 잘 벌고, 결국 행복한 삶을 살 수 있다고. 그렇게 믿었고, 그것 외엔 다른 정답이 없는 줄 알았다.

하지만 사회생활을 10년, 20년쯤 해보면 이런 공식이 참 허술하다는 걸 깨닫게 된다. 좋은 대학을 나왔다고 해서 반드시 좋은 회사에서 인정받는 것도 아니고, 연봉이 높다고 해서 삶의 만족도가 비례하는 것도 아니다. 심지어 '좋은 직장'이라는 말도 시간이 지나면 그 의미가 바뀐다. 중요한 건 연봉이 아니라, 사람과 관계고, 나의 일상이 사람답게 유지되는 환경이라는 걸 점점 알게 된다.

학벌보다 강력한 무기, '사회성'

신입사원 시절엔 학벌이 어느 정도 작용할 수 있다. 인사팀은 이력서를 보고 판단할 테니까. 하지만 입사 3년이 지나면 이야기가 달라진다. 함께 일하는 동료들이 중요하게 여기는 건 학벌이 아니라 사회성이다. 말이 통하는 사람인지, 책임감 있는 사람인지, 갈등이 생겼을 때 어떻게 풀어가는지를 보게 된다.

예전에 내가 함께 일했던 후배 중 한 명은 흔히 말하는 '지잡대' 출신이었다. 처음엔 주목도 받지 못했고, 회사 생활에도 자신감이 없어 보였다. 그런데 그는 다르게 움직였다. 선배의 말엔 항상 메모하며 귀 기울였고, 무슨 일이든 주저하지 않고 손을 들었다. 회식 자리에서도 분위기를 무겁지 않게 만드는 능력이 있었다. 어느 순간, 조직 내에서 그 친구는 윤활유 역할을 하는 존재가 되었다. 결국 학벌이 더 좋은 동기들보다 먼저 승진했다. 사람들은 결국 함께 일하고 싶은 사람을 기억하고, 기회를 주고, 옆에 두고 싶어 한다.

나이가 들수록 보이는 삶의 진짜 기준들

나이가 들수록 세상을 보는 눈이 바뀐다. 예전엔 화려해 보이던 것들이 별 의미 없다는 걸 알게 되고, 작고 소소한 것들이 오히려 깊이 있게 다가온다. 다음의 문장은 인생의 각 시점마다 무엇이 중요한지를 정리해주는 통찰이다.

- 40대에는 학벌의 간판이 흐려지고, 결국 그 사람의 성격과 내면이 평가의 기준이 된다. 학연보다 인연이 더 중요해진다.
- 50대에는 남녀의 차이보다, 인생의 외로움과 책임, 인간으로서의 고독이 깊어진다. 조직의 무게, 가정의 무게, 다 내 어깨 위다.
- 60대에는 외모가 아닌, 말투, 눈빛, 풍기는 품격이 전부다. 말 한 마디에 인생이 묻어난다.
- 70대가 되면 재력보다, 누가 내 곁에 남아 있는지가 중요해진다. 곁에 남은 사람이 곧 내 인생의 자산이다.
- 80대에는 삶과 죽음의 경계가 흐려지고, 하루하루가 선물처럼 다가온다. 눈을 뜨는 아침이 기적처럼 느껴진다.
- 90대가 되면 존재 그 자체가 메시지가 된다. 그저 살아 있는 것만으로도 누군가에겐 큰 용기다.

행복은 어디에 다니느냐보다, 어떻게 살아가느냐에 달려 있다

많은 사람들이 좋은 회사에 다니면 행복할 수 있다고 믿는다. 틀린 말은 아니다. 연봉, 복지, 사무실 환경… 모두 무시할 수 없는 요소다. 하지만 '좋은 회사'의 진짜 정의는 다르다. 좋은 회사란 내 적성에 맞는 일을 할 수 있는 곳, 내 존재가 존중받는 곳, 내가 성장할 수 있도록 점점 커나가는 회사이다.

과거 한 선배는 유명 대기업을 다니다가 40대 중반에 퇴사하고 중견 기업으로 이직했다. 외부에서는 "미쳤다"는 반응이었지만, 그는 이직 후 더 생기 있어졌다. 출근이 즐겁고, 말이 통하는 동료가 있고, 스스로 성취감을 느낄 수 있다는 게 그 이유였다. "이전 회사는 연봉은 높았지만 마음이 병들어 있었어"라는 그의 말이 아직도 기억에 남는다.

요약 정리   — □ ✕

- 공식적인 스펙보다 중요한 건, 사회성 있는 사람이다.

- 나이 들수록 보여지는 것보다 느껴지는 것이 삶의 기준이 된다.

- 행복은 연봉이나 직위가 아닌, 하루하루를 살아가는 태도에 있다.

- 좋은 직장은 조건보다 사람이고, 존중이고, 일상의 균형이다.

- 지금 당신이 어디에 있는지가 아니라, 어떤 모습으로 살아가고 있는지가 더 중요하다.

노하우,
쌓을 것인가? 갱신할 것인가?

　직장생활을 하다 보면 누구나 자신만의 노하우를 쌓게 된다. 문서 작성의 요령, 고객 응대의 패턴, 보고서 양식의 정리 방식 등 업무를 더 효율적으로 수행하기 위한 자신만의 팁이 생기는 것이다. 문제는 이 노하우가 '정답'처럼 굳어지는 순간부터다. 한때는 도움이 되었지만 시간이 지나면 오히려 발목을 잡는 구식 방식이 되기도 한다.

　예전에 한 TV 프로그램에서 본 장면이 떠오른다. 남해에서 고기를 잡는 한 베테랑 선장이 있었다. 그는 매일 바다에 나가 그날의 위도, 경도, 수온, 날씨, 어획량을 꼼꼼히 수첩에 기록했다. 몇 년 치 데이터를 기반으로 자신만의 패턴을 만들어 고기 잡는 효율을 높였다. 그런데 최근 몇 년간 이상기후로 바닷물 수온이 크게 변하자, 기존의 방법은 정확도를 잃고 말았다. 경험은 그대로였지만 결과는 따라주지 않았다. 원인은 분명했다. 그는 '변화'를 반영하지 못했다.

　직장생활도 마찬가지다. 우리가 익숙하게 써오던 방식이 점점 성과를 내지 못한다면, 그건 우리가 잘못하고 있어서가 아니라 세상이 달라졌기 때문일 수도 있다. 노하우는 정답이 아니라 참고자료일 뿐이다. 최신 트렌드, 시장의 반응, 기술의 진보를 고려하지 않은 노하우는 더 이상 무기가 아니다. 때로는 짐이 된다.

농부도 세상이 바뀌면 다시 배운다

예전에 농사는 대를 이어 배웠다. "이맘때 씨를 뿌려야지", "해 넘어가기 전에 물 줘야 한다." 이런 말들은 세월이 가도 진리처럼 통했다. 그런데 요즘은 다르다. 땅의 성분은 물론, 기후 변화에 따른 작물의 병해충 대응까지 전문가의 조언과 데이터 분석이 필요하다. 드론으로 파종하고, 인공지능이 기상 조건에 맞춰 자동으로 물을 주는 시대다. 옛 노하우만 고집하면 수확은커녕 피해만 커질 수 있다.

직장도 그렇다. 과거에는 상사가 말하면 무조건 "예"라고 따라야 했다면, 지금은 상사도 부하 직원의 역량을 인정하고 소통하는 시대다. 기술도 마찬가지다. 예전에는 엑셀만 잘하면 됐지만 이제는 자동화 툴, 클라우드 협업, 심지어 코딩 기초까지 알아야 경쟁력이 된다.

내가 예전에 잘했던 방식이, 지금도 맞는지는 계속 검토해야 한다. 바뀌는 환경에 맞춰 끊임없이 배우고 업데이트하지 않으면, 우리는 '과거형 전문가'가 되어버릴 수 있다. 직장에서 성공하는 사람은 오래된 노하우를 자랑하는 사람이 아니라, 새로운 흐름에 빨리 올라타는 사람이다.

현실적인 직장인의 교훈: 경험은 자산, 고집은 리스크

실제로 한 중간관리자가 후배에게 자주 하던 말이 있다. "내가 이 일 10년 했어. 그러니 내 방식대로 하면 돼." 처음에는 후배들도 따랐다. 하지만 문제는 그의 방식이 최신 시장 흐름과 맞지 않는다는 점이었다. 보고서도 너무 장황했고, 고객 니즈에 맞춰 유연하게 대응하기보단 '하던 대로'를 고집했다. 결국 그는 성과가 떨어지고 조직 내 신뢰를 잃었다.

반대로 다른 팀의 젊은 대리는 늘 새로운 툴을 먼저 배우고, 고객 요구에 맞춰 매번 방식과 표현을 바꿨다. 물론 실수도 있었지만 고객은 그를 신뢰했고 조직은 그를 주목했다. 경험은 분명 자산이지만, 경험만 믿고 변화하지 않는 태도는 리스크다. 변화를 두려워하지 말자. 기존의 노하우에 집착하기보다 새로운 지식과 도구를 빠르게 흡수하는 '진화형 직장인'이 되어야 한다. 그게 바로 AI 시대를 살아가는 우리의 생존 전략이다.

요약 정리 ─ ▢ ✕

- 노하우는 쌓는 것도 중요하지만, 갱신하는 것이 더 중요하다.
- 과거의 성공 방식이 지금의 해답이 되리라는 보장은 없다.
- 기후가 변하면 농사법이 바뀌듯, 시장이 변하면 업무 방식도 바뀌어야 한다.
- 경험은 자산이고, 고집은 리스크다.
- 지속적으로 학습하고 유연하게 변화를 수용하는 사람이 결국 살아남는다.

현실을 직시하고
나를 바꾸는 용기

최근 우연히 본 TV 프로그램 '다문화 고부열전'이 오랫동안 마음에 남았다. 프로그램에는 43세의 필리핀 출신 며느리와 59세 남편, 그리고 세 명의 손녀가 등장했다. 하지만 아이들을 돌보는 건 며느리가 아닌 시어머니였다. 며느리는 모텔에서 아르바이트를 하며 하루 6만 원을 벌고 있었고, 남편은 딸기 농사를 짓지만 수익은 거의 없었다. 열심히는 하는데 '왜 안 될까?'라는 질문이 머리를 떠나지 않았다.

이 부부의 문제는 단순한 경제적 어려움이 아니었다. 남편은 열심히 일하지만, '잘 팔리는 게 좋은 상품이다'라는 시장의 기본 원리를 이해하지 못했다. 상품을 무작정 생산하기보다 '팔리는 방식'을 고민했어야 했다. 그 고민의 부재가 열심히 해도 성과가 안 나는 결정적 이유였다.

또한, 이 부부는 문제의 원인을 외부에서 찾았다. 서로 탓하고, 상황을 탓했다. 하지만 진짜 변화는 '잘 안되는 이유를 나로부터 찾아야 한다'는 성찰에서 시작된다. 마치 초식동물인 소와 육식동물인 사자가 사랑에 빠져 평생 함께 살고자 하는 것처럼, 애초에 출발점에서 생각을 잘

못 잡으면 아무리 애를 써도 엇갈릴 수밖에 없다.

성과가 안 날 때는 나부터 돌아봐야 한다

우리는 회사에서도 종종 이런 상황을 마주한다. '열심히 했는데 왜 상사가 인정 안 해주지?', '고객은 왜 우리 제품을 안 써주지?'라고 자문하게 되는 상황말이다. 문제의 핵심을 보지 못한 채 자존심으로 버티면 해답은 멀어진다. 이럴 땐 다음 세 가지를 해보자.

첫째, 잘 안 되는 일들을 냉정하게 나열해보자. 내가 요즘 영업에서 성과가 없거나, 팀워크가 어긋나는 이유를 구체적으로 적어보자. 감정이 아닌 '팩트'를 기준으로.

둘째, 평소 친하지 않던 사람들에게 조언을 구하자. 같은 고민을 반복하는 친구보다는, 평소 멀게 느껴졌던 상사나 선배, 혹은 성과가 좋은 타 부서 동료에게 직접 조언을 구해보자. 생각보다 많은 인사이트를 얻을 수 있다. 이때 자존심을 내려두는 게 핵심이다. 무언가를 배우고 싶다면 '나는 모른다'는 전제에서 출발해야 한다. 친한 사람은 당신 편이기에 진실을 잘 얘기하지 않는다.

셋째, 스스로 정의한 '좋은 사람'의 기준을 점검하자. 방송 속 며느리는 "돈을 잘 벌어다 주는 남편이 가장이다"라고 말했다. 정답은 아니다. 하지만 현실적인 관점에서는 틀리지도 않다. 가족의 행복을 책임지는 방식은 다를 수 있지만, 경제적 안정이 기본이 되어야 한다는 점은 분명하다. 이는 우리 직장인에게도 그대로 적용된다. 좋은 직원이란, 성실함뿐 아니라 성과로 증명해야 인정받는 시대다.

요약 정리   — ☐ ✕

- '잘 안 되는 이유'를 외부에서 찾지 말고 나로부터 출발하라. 성찰이 변화의 첫걸음이다.

- 자존심을 잠시 내려놓고, 평소 거리를 두었던 사람들에게 조언을 구하라. 편한 사람보다 불편한 사람이 진짜 조언을 준다.

- '가정적인 남편'이나 '좋은 직원'의 정의를 현실에 맞게 조정하라. 이상보다 실질이 중요하다. 결과를 만들어내야 역할을 할 수 있다.

문제를 직시하는 용기,
해결의 방향을 찾는 지혜

"문제가 생기면 어떻게 하십니까?" 이 질문에 많은 직장인들은 비슷하게 대답한다. "일단 상사에게 보고하고, 원인을 찾아 해결 방안을 고민합니다." 그런데 그 답변 뒤에 숨어 있는 진짜 문제는 바로 '문제를 어떻게 바라보고 있는가'이다.

직장에서 문제는 피할 수 없는 일이다. 중요한 건 그 문제를 어떻게 다루느냐이며 문제를 마주하는 태도에 따라 성과는 크게 달라지게 된다.

문제를 똑바로 바라보는 사람만이 해답에 도달한다

많은 사람들이 문제가 발생했을 때 본능적으로 회피하게 된다. 보고서가 누락되었거나 고객에게 잘못된 정보를 전달했을 때, "누가 그랬지?", "이건 시스템의 문제야."라는 식으로 외부에서 원인을 찾는데, 진짜 실력자는 문제를 있는 그대로 마주보는 사람이다. 문제를 직시한다는 것은 단순히 '문제가 생겼다'고 인식하는 것이 아니라 그 안에 숨겨진 본질적 원인을 파악하려는 태도이다.

예를 들어, 고객 불만이 들어왔을 때 단순히 대응 매뉴얼만 따르는 사람과, 왜 고객이 불만을 느꼈는지, 그 배경에는 어떤 감정이 있었는지까지 고민하는 사람은 전혀 다른 결과를 만들어 내게 된다.

해결의 열쇠는 '결정권자'의 입장에 있다

문제의 본질을 파악했다면, 다음으로 '누구를 설득해야 해결되는가'를 판단해야 한다. 이때 핵심은 그 문제로 인해 가장 이득을 보거나, 가장 손해를 보는 사람이 누구인지를 파악하는 것이고 그 사람의 입장을 이해하고 설득할 수 있어야 해결의 실마리를 풀 수 있다.

실제 사례 하나를 소개한다. 한 영업사원이 중요한 견적을 잘못 기재해 고객사에 과도하게 저렴한 가격을 제시한 일이 있었고 내부에서는 책임 소재를 따지느라 정신이 없었다. 그 상황 속에서도 팀장은 우선 그 견적으로 가장 큰 손해를 보는 재무담당자를 만나러 갔다. 그리고 그 자리에서 말했다.

"이번 손실은 우리 모두의 책임입니다. 다만 이 상황을 수습하려면 고객과의 관계도 유지해야 하고, 회사의 재정 손실도 줄여야 합니다. 현실적인 대안이 무엇일까요?"

결국 팀장은 고객에게 사정을 설명하고 일부 조건을 재조율했으며, 재무팀과 협력하여 장기 계약 조건으로 손실을 분산시켰다. 그 과정에서 핵심은 이해당사자 입장에서 차선책을 찾는 노력이었다.

감정이 아닌 이성으로 접근해야 한다

문제가 터졌을 때 감정적으로 대응하면 오히려 해결을 어렵게 만든다. "왜 나만…", "이건 억울하다…" 같은 생각이 앞서면 감정만 남는다. 특히 조직 내에서는 '감정'보다 '이해관계'가 중요한 기준이 되기 때문에 이런 태도는 금물이다.

따라서 문제 해결 시에는 객관적인 데이터, 정확한 상황 분석, 그리고 당사자의 입장에서의 설득 논리가 필요하고 이성적으로 접근해야 팀원과의 협업도 가능하고, 상사도 신뢰를 보내게 된다.

문제는 '성장'의 기회다

문제가 없었던 프로젝트는 사실상 '기억되지 않는 프로젝트'이다. 오히려 큰 문제를 겪었지만 잘 수습한 프로젝트는 그 구성원에게 커다란 신뢰를 안겨주고 문제가 없는 것이 능력이 아니라, 문제가 생겼을 때 조용히 책임지고 해결할 수 있는 사람이 진짜 능력자이다.

직장에서 문제는 언제든 생길 수 있다. 중요한 것은 그 문제를 어떤 태도로 바라보는지, 그리고 누구를 설득해서 어떤 방향으로 풀어나가는지이다. 문제를 제대로 마주한 사람이 결국 조직 내에서 성과를 만들어내는 사람이다. 성과란, 문제를 어떻게 다루는지에서 시작된다.

- 문제를 피하지 않고 직시한다. 회피하지 않고 본질을 찾는다.

- 이해관계자를 정확히 파악하고 설득한다. 이득과 손해가 가장 큰 사람을 중심으로 움직인다.

- 감정보다 논리로 접근한다. 사실, 데이터, 이해관계로 문제를 풀어간다.

동기 부여,
조직성과의 숨은 엔진

성과를 잘 내는 조직은 '동기 부여'라는 보이지 않는 엔진을 잘 다듬어 가동시키는 조직이다. 실적이 높고 성과지표가 우수한 팀의 공통점은 단순히 '열심히 한다'는 데 있지 않다. 구성원 하나하나가 스스로 이유를 가지고 일한다는 점이 핵심이다. 자발성, 책임감, 몰입감은 바로 '동기 부여'에서 비롯된다.

동기를 부여하는 건 인간에게만 가능하다는 말이 있다. 개에게 "이 일을 잘 마치면 칭찬해줄게. 너의 인생이 더 나아질 거야"라고 말해도 통하지 않는다. 훈련은 가능하지만 동기 부여는 어렵다. 반면 인간은 스스로의 의식과 감정, 미래의 비전을 통해 '왜' 일해야 하는지 내면의 논리를 구성할 수 있다. 그래서 조직이 사람에게 동기 부여를 할 수 있다는 것은 곧, 조직이 '사람을 움직일 수 있는 힘'을 가졌다는 말과 같다.

사회생활 생존키트

금전적 보상만으로는 부족하다

많은 직장인들은 돈이 최고의 동기 부여라고 생각하지만, 실상은 그렇지 않다. 인사평가에서 높은 점수를 받고, 성과급을 많이 받았어도 일에 대해 냉소적인 태도를 보이는 경우가 많다. 왜일까? 동기 부여는 금전적 보상에서만 오지 않기 때문이다.

어느 대기업 부장은 이런 말을 했다. "성과급을 받는 순간부터 그 효과는 점점 사라진다. 그 다음 날부터는 다시 새로운 기준을 요구받는다." 즉, 돈은 순간적인 자극이 될 수 있어도 지속적인 몰입의 에너지원이 되긴 어렵다는 것이다.

오히려 구성원들이 스스로 의미를 부여하고, 성장을 체감하며, 조직 내에서 '존재가치'를 느낄 때 더 강한 동기 부여가 생긴다. 칭찬 한마디, 상사의 신뢰, 업무의 자율성, 미래의 기회. 이런 요소들이 진짜 연료다.

사례: '맹목적 충성'이 만든 실패

한 제조업체의 영업팀에서 이런 일이 있었다. 팀장은 상사의 신임을 얻기 위해 무조건 '예'만 외쳤다. 현실적인 어려움도 보고하지 않았고, 내부적으로 문제를 덮기만 했다. 팀원들도 분위기를 따라갔다. 상사의 지시에 대해선 누구도 이의를 제기하지 않았고 '잘 보이기'만을 우선순위에 두었다.

결과는 처참했다. 주요 납품 일정이 지연됐고, 고객사 신뢰도 추락했다. 팀원들은 말한다. "맹목적인 충성으로는 성과를 낼 수 없습니다. 말할 수 없는 분위기, 문제를 말하지 못하는 문화가 오히려 회사를 망칠 뻔했습니다."

진정한 동기 부여는 상사에게 잘 보이기 위한 충성이 아니라, 내가 하는 일이 조직과 고객, 그리고 나 자신에게 어떤 의미가 있는지를 명확히 하는 데서 비롯된다.

동기 부여를 위한 조직의 역할

조직은 직원들에게 묻고 또 물어야 한다. "당신은 왜 이 일을 하고 있나요?", "당신이 원하는 성장은 어떤 방향인가요?", "이 조직은 당신에게 어떤 의미인가요?" 이 질문에 답할 수 있어야 동기 부여가 시작된다.

구성원의 동기를 끌어내려면, 성과 기준이 명확하고, 그 기준에 대한 피드백이 적절하며, 기회와 권한이 균형 있게 주어져야 한다. 특히, 구성원이 '자기 일처럼 느낄 수 있는 환경'을 만드는 것이 핵심이다.

성과지표(KPI)를 설명할 때, 단순히 숫자를 제시하는 것이 아니라 '그 숫자가 어떤 변화를 이끌어낼 수 있는가'를 함께 이야기해야 한다. 숫자에 '이야기'를 담아야 사람은 동기 부여된다.

사회생활 생존키트

요약 정리 ⎯ ⬜ ✕

- 동기 부여는 인간에게만 가능하다. 자율성과 의미를 중시하는 존재이기 때문이다.

- 금전적 보상은 일시적일 뿐, 지속 가능한 동기 부여는 정서적·심리적 자극에서 온다.

- 맹목적 충성은 성과에 도움이 되지 않는다. 문제를 드러내고 개선하려는 자세가 더 중요하다.

- 조직은 구성원에게 성과의 의미를 설명하고, 성장의 기회를 주어야 한다.

- 동기 부여는 '나도 이 일의 주인'이라는 감각에서 출발한다.

5장

사회생활,

이 정도는 알고 가자

"힘들면
그만두면 되잖아?"

"힘들면 그만두면 되잖아." 어떤 이는 종종 이런 말을 쉽게 한다. 그런데, 정말 그게 그렇게 쉬운 일일까?

S사 고위 임원 한 명이 탈진 상태로 병원에 실려 갔다. 사람들은 뒷말을 하며 말했다. "그 정도 지위면 이제 내려놓고 편히 쉬지, 뭐가 아쉬워서 그렇게까지 버텼대?" 하지만 그를 아는 사람들은 안다. 그에게는 'S전자 부사장'이라는 타이틀이 정체성의 핵심이었다. 직함이 곧 존재였고, 그 사회적 체면이 자신이 누구인지를 증명해주는 유일한 방패였다.

직장인이라면 누구나 이해할 수 있다. 우리는 회사에서 이름보다 직급으로 불린다. 회식 자리에서, 소개할 때, 심지어 가족에게도. "우리 아빠는 부장님이야", "그분은 상무님이셔"와 같이 부르고 불리는 것이 어색하지 않다. 직급과 직책은 단순한 명함 그 이상이다. 그것이 지금의 나를 설명하고, 내가 어떤 사람인지를 대변한다. 그래서 힘들다고 쉽게 내려놓을 수 없다. 버티는 이유는 돈이나 욕심만이 아니다. '나라는 사람'이 무너지지 않기를 바라는 마음에서다.

하지만 문제는, 그런 체면이 무너질 것 같은 위기 상황이 찾아오면 스트레스는 감당할 수 없을 만큼 커진다는 것이다. 아무리 유능하고 강해 보여도, 아무리 사람들에게 존경받아도, 내 안에서 나 자신이 무너지는 그 고통은 누구도 쉽게 이겨낼 수 없다.

심리학에서는 이런 경우를 '숙명적 자살'이라고 부른다. 삶을 포기하는 것이 아니라, 단지 '지금 이 고통을 멈추고 싶다'는 절박함에서 비롯된 선택이다. 죽고 싶어서가 아니라, 더 이상 살 수 없어서 벌어지는 일이다.

이해하기 어려운가? 생각해보자. 자살을 결심한 사람이 차량을 몰고 몇 시간을 달려 외진 다리로 향할 때, 신호를 지키고, 차선을 변경할 때도 조심한다. 그 길을 가는 내내 죽음이 아니라 '운전'에 집중하고 있다. 그 순간, 그는 살아 있다. 그 순간만큼은 살고 싶다. 하지만 다시 떠오르는 현실의 고통은 그에게 '삶'을 지우고 '탈출'만을 속삭인다. 이처럼 사회적 체면은 때로 사람을 살게도 하지만, 때로 사람을 죽음으로 몰기도 한다.

우리 모두에게 필요한 질문

사회생활을 오래 하다 보면, 직급이 오르고 책임이 커질수록 주변은 화려해지지만 내면적으로는 점점 고립된다. 누군가에게 힘들다고 말하는 것이 약해지는 것처럼 느껴지고, '나는 버틸 수 있어야 한다'는 강박이 스스로를 압박한다. 그리고 만약 내가 만들어온 것이 무너지는 상황이 오면 자기 자신을 보며 '이제는 끝났다'고 판단한다.

하지만 꼭 기억하자. 당신이 진짜 원하는 것은 죽음이 아니라, 고통의 끝이다. 진짜 무서운 건 사회적 실패가 아니라, 당신이 당신을 포기하는 것이다. 그리고 정말 중요한 것은, 직함이 아닌 당신 그 자체다.

직장생활은 마라톤이다. 누구나 숨이 차고, 누구나 쓰러질 수 있다. 그럴 때 잠시 멈춰 쉬는 것은 패배가 아니다. 오히려 살아남기 위한 전략이다. 체면보다 더 소중한 것은 당신의 삶이고, 당신의 마음이며, 당신이라는 사람 자체다.

어쩌면 우리 모두는 직장에서 '역할'이 아니라, '존재'로 대접받을 수 있어야 한다. 그래야 '그만두면 되잖아'라는 무책임한 말보다 "당신 괜찮아요?"라는 진심 어린 한 마디가 나올 수 있다.

그 한 마디가, 누군가의 생명을 살릴 수도 있다. 그리고 그 말은, 당신부터 시작해야 한다. 당신 자신에게도. "나, 정말 괜찮은 거야?"

요약 정리 — ▢ ✕

- 직장인의 정체성은 종종 '직함'에 의해 규정된다. 직급과 사회적 체면은 곧 나 자신이라는 착각을 만들고, 이것이 무너질 위기에서 극심한 스트레스를 유발한다.

- '죽고 싶은 마음'은 실제로는 '지금의 고통을 멈추고 싶은 마음'인 경우가 많다. 숙명적 자살은 삶 자체보다는 버티기 어려운 현실에서 벗어나고 싶다는 절규다.

- 스트레스 속에서도 사람은 여전히 삶을 지키고 싶어 한다. 자살을 결심하고도 신호를 지키는 운전자의 모습에서 알 수 있다.

- 체면보다 중요한 것은 '당신 자신'이다. 직함이나 타인의 시선보다 당신의 생명, 마음, 존재 자체가 더 소중하다.

- 누군가에게 "그만두면 되잖아"라는 말 대신, "괜찮아요?"라는 말을 건네자. 그리고 그 말은 타인뿐만 아니라 자신에게도 꼭 필요하다.

업무지침할 때
– 일 시키는 것도 실력이다

"아직도 안 됐어? 왜 빨리 보고 안 해!", "에이… 엉뚱한 자료를 갖고 왔잖아." 상사가 부하 직원에게 일을 시킨 뒤, 나중에 짜증 섞인 목소리로 하는 말들이다. 속으로는 '왜 이렇게 센스가 없지', '도대체 무슨 생각으로 이런 결과를 낸 거야' 하며 투덜거린다. 그러나 이런 상황을 면밀히 들여다보면, 단지 부하 직원의 능력 문제만은 아니다. 의외로 상사의 업무지시 방식에 문제가 있는 경우가 훨씬 많다.

일을 잘하는 것과 일을 잘 시키는 것은 전혀 다른 능력이다. 유능한 실무자였던 사람이 팀장이 되면, 오히려 일 나누기를 어려워하고, 모든 걸 다시 본인이 챙기려 들기도 한다. '일을 시킨다는 것'에 대한 감각이 없기 때문이다. 많은 상사들이 '제대로 지시를 했는데 왜 못 해왔지?'라고 생각한다. 하지만 그건 '지시'였지 '지침'은 아니었을 가능성이 높다.

예를 들어보자. "변압기 시장조사해서 빨리 보고해." 이건 지시이긴 하지만 그다지 유용하지 않은 지시다. 일방적이고 맥락이 빠져 있고, 명확성이 없다. 그 말을 들은 직원은 머릿속이 복잡해진다.

'이 자료는 어디에 쓰는 거지?', '빨리가 언제까지지? 이번 주면 되려나?', '어느 정도 깊이로 조사해야 하지?'

결국은 중간에 상사가 짜증을 내게 되고, 나중에 받은 보고서는 상사의 의도와는 전혀 다른 방향으로 작성되어 있는 일이 비일비재하다. 그리고 상사는 또다시 말한다. "센스가 없네, 왜 이렇게 일머리가 없지?" 하지만 문제는 센스 없는 부하가 아니다. 업무지시를 제대로 못하는 상사에게 있다.

업무지시에는 세 가지가 반드시 들어가야 한다

업무지침은 다음 세 가지 요소가 명확해야 한다. 바로 어떤 일, 어떤 취지, 언제까지다.

1. **어떤 일:** 수행해야 할 업무의 정의와 범위를 구체적으로 설명해야 한다. '시장조사'라고만 하지 말고, '국내 주요 3사와 해외 선두업체 2곳의 제품 사양 및 가격 비교'처럼 범위를 좁혀줘야 한다. 그래야 직원도 어느 정도 깊이와 속도로 접근해야 할지 감이 잡힌다.

2. **어떤 취지:** 이 업무가 왜 필요한지, 그리고 그 결과가 어떤 후속 액션과 연결되는지까지 설명해야 한다. 이 점을 생략하면 직원은 방향을 못 잡는다. "이번 제안서에 근거 자료로 쓸 예정이야. 특히 A사에 신뢰를 주기 위해 가격경쟁력 파트가 중요해"라고 알려줘야, 어떤 정보를 우선적으로 정리하고 강조해야 할지를 판단

할 수 있다.

3. **언제까지**: '빨리', '다음 주까지' 같은 표현은 절대 금물이다. 다음 주 월요일도 다음 주고 금요일도 다음 주다. 정확한 날짜와 시간을 지정해 줘야 우선순위를 설정하고 일정관리를 할 수 있다. 기한이 명확해야 보고 품질도 높아진다.

파킨슨의 법칙, 그리고 긴장감의 중요성

영국의 파킨슨 교수는 흥미로운 실험을 했다. 학생들에게 같은 주제로 리포트를 쓰게 하되, 한 그룹에겐 기한을 3일, 다른 그룹에겐 3개월을 줬다. 결과는 놀라웠다. 3일 기한을 받은 학생들의 결과물이 훨씬 좋았다. 왜일까? 긴장감과 집중력이 몰입을 끌어내기 때문이다.

우리의 직장 생활도 마찬가지다. 업무기한을 명확하게 짧게 주면 일이 빠르고 정확하게 끝날 가능성이 높다. 기한이 늘어지면 일도 늘어진다. '일은 주어진 시간만큼 늘어난다'는 파킨슨의 법칙은 단순한 이론이 아니라 실무 현장의 진실이다.

일 잘 시키는 상사가 결국 성과를 만든다

많은 리더들이 착각한다. 지시를 했으니 이제 직원이 알아서 잘할 거라고. 하지만 일을 시킨다는 것은 사람을 움직이는 일이다. 상대가 충분히 이해하고 납득하며 동기 부여까지 되어야 그 지시는 '성과로 이어지는 지침'이 된다.

다음 업무 지시를 할 땐, 꼭 이렇게 해보라.

- 어떤 일인지 구체적으로 설명하고,
- 왜 필요한 일인지 이유를 알려주고,
- 정확한 기한을 정해주는 것.

이 세 단계만 잘 지켜도, 더 이상 "왜 이걸 이렇게 해왔어?"라는 짜증 섞인 말은 줄어들 것이다. 그리고 당신은 '일을 잘 시키는 상사'가 될 것이다.

여기에 쌍방향 소통의 자세까지 갖춘다면, 업무 효율은 물론이고 보고의 품질도 현격히 향상될 수 있다. '일 못하는 부하'는 없다. 대부분은 '일 시키는 방식이 잘못된 상사'가 있을 뿐이다. 지금부터라도 당신의 말 한마디, 지시 한 줄에 성과의 방향과 수준이 달라진다는 사실을 잊지 말자.

요약 정리   — □ ✕

- 업무 지시를 잘한다는 것은 단순히 일을 시키는 것을 의미하지 않는다. 이는 그 자체로 성과를 만들어내는 커뮤니케이션이다.
- 무엇을 해야 하는지 명확하게 전달하고, 그 일을 왜 해야 하는지 목적과 취지를 설명하며, 언제까지 완료해야 하는지 정확한 기한을 정해 전달하자.

"이건 그냥 남는 거니까
챙겨두자."

　우리 대부분은 무의식적으로 그렇게 생각하며 사무실 서랍 속에 볼펜을 여러 자루 넣어둔다. 스테이플러도 하나쯤은 개인용으로 갖고 있고, 잘 쓰지 않는 칼이나 가위도 여분으로 쌓여 있곤 한다. '혹시 몰라서' 챙긴다는 명목으로. 그런데 그 모든 것이 과연 정당한 걸까?

　옛날에는 '아나바다'라는 캠페인이 있었다. 1970년대 초등학생 시절, '아나바다 운동'이라는 말이 전국을 휩쓸었는데, '아껴 쓰고, 나눠 쓰고, 바꿔 쓰고, 다시 쓰자'는 운동이었다. 당시 TV에서 반복적으로 흘러나오던 이 구호는 단순히 절약을 넘어서, 공동체의 정신을 담고 있었다. 몽당연필을 다 쓸 때까지 쓰고, 도화지는 앞뒷면을 모두 그려야 했던 시절. 비록 시대는 어려웠지만, 그 안에는 검소함이라는 가치가 분명히 자리하고 있었다.

　요즘은 사무용품이 넘쳐나는 시대다. 스테이플러, 펀치, 고급 볼펜, 칼, 자… 전부 쉽게 구할 수 있고, 고장 나거나 불편하면 별다른 고민 없이 새것으로 교체하곤 한다. 이런 환경 속에서 회사 물품을 아끼는 것,

혹은 애사심을 행동으로 보여주는 것이 과연 어떤 의미가 있는지 점점 잊혀지고 있는 것 같다.

박스 하나로 보여주는 조직 문화

어느 날, 이런 생각이 들었다. "지금 당장 나에게 꼭 필요한 물품만 남기고 나머지는 한 번 정리해보면 어떨까?" 그래서 나는 사무실을 한 바퀴 돌며, 직원들에게 이렇게 말했다. "지금 바로 쓰는 물품만 남기고, 나머지는 이 박스에 넣어주세요!"

예상보다 반응은 유쾌했고, 사람들은 웃으며 자신의 서랍 속 물건을 꺼내기 시작했다. 단 20여 명이 모인 한 층에서 나온 사무용품은 박스 1/3 이상을 채웠고, 볼펜은 100자루가 넘었다. 누군가의 '혹시 몰라서'는 결국 회사 전체의 낭비로 이어지고 있었던 것이다.

그 물품들은 총무팀에 전달되어 필요한 부서로 재분배되었고, 남은 직원들은 왠지 모를 개운함을 느꼈다. 마치 오래된 옷장을 정리한 것처럼, 불필요한 소지품을 내려놓는 것은 마음의 공간도 넓히는 법이다.

아끼는 것에도 '현실 감각'이 필요하다

다른 한편으로 절약은 무조건 좋은 것은 아닌 경우도 있다. 오히려 절약의 방식이 비효율적이라면, 그건 진정한 절약이 아니다.

대표적인 예가 바로 이면지 사용이다. A4 용지 한 장이 약 10원이라고 가정했을 때, 그 종이를 이면지로 활용하면 절반인 5원의 가치를 갖는다. 겉보기엔 꽤 절약적으로 보이는 행동일 수 있다. 하지만 이면지를 수거하고, 내용 확인하고, '이면지' 도장을 찍고 분류해서 쌓아두는 데 드는 시간과 노력을 생각해보라.

이면지 한 장을 쓰기 위해 직원이 20초의 시간을 투자한다면, 단순 계산만으로도 그 시간 동안의 인건비는 100원을 훌쩍 넘는다. 직원 1명이 100장을 정리해도 500원 아끼는 것이고 1,000장을 챙겨도 5,000원인데 결과적으로 수천 원의 비용을 절감하기 위해 훨씬 더 큰 인건비를 낭비하고 있는 셈이다. 오히려 그 시간에 그는 더 창의적인 업무를 했을 수도 있거나 아니면 잠시 휴식을 취해 재충전할 수도 있었다.

결국 애사심이란, '무작정 아끼기'가 아니라 합리적인 선택을 통해 조직 전체의 자원 효율을 높이는 태도에서 출발한다.

사회생활은 '내 것'처럼 대하는 자세에서 시작된다

회사 물품을 아낀다는 건 단지 절약의 문제가 아니다. 그건 곧 회사를 내 일터로, 내 인생의 일부로 여기는 태도를 말한다. 쓰지 않는 물건을 무심코 쌓아두거나, 굳이 새것을 개인용으로 챙기는 작은 행동 하나하나가 회사의 비용 부담을 늘리고, 조직의 효율을 낮추며, 결국은 나의 평가와 성과에도 영향을 미치게 된다.

어떤 이는 이 정도는 아무 것도 아니라고 생각할 수 있다. 하지만 '아무 것도 아닌 것들'이 쌓이면 결국 무시할 수 없는 손실이 된다. 반대로, 그런 작은 태도 하나로 '이 사람은 신뢰할 수 있다'는 인상을 줄 수 있는 것도 사회생활의 진실이다.

지금 당장 박스를 들고 한 바퀴 돌아보라

용기 있는 사람이 조직의 문화를 바꾼다. 당신이 먼저 박스를 들고 한 바퀴 돌아보라. 당신의 작은 실천이 회사 전체에 '같이 일하고 싶은 문화'를 만들어내고 그런 문화는 결국 당신의 커리어에도 긍정적인 영향을 줄 것이다. 아나바다 정신은 지나간 구호가 아니다. 오늘, 당신 책상 서랍 속에서 다시 시작될 수 있는 작은 태도이다.

요약 정리

- 회사 물품을 아끼는 것은 단순한 절약이 아니라 회사에 대한 주인 의식을 보여주는 행위다.
- 겉보기엔 절약처럼 보이지만, 실상은 비효율적인 방식에 시간과 자원을 낭비하지 말자.
- 진정한 애사심은 무조건 아끼는 게 아니라 합리적이고 효율적인 자원 활용에서 출발한다.
- 당신부터, 박스를 들고 사무실을 한 바퀴 돌아보라. 작은 용기가 변화의 출발점이 된다.

우리는 지식 근로자로
살아가고 있는가?

'나는 시간이 관리하는 노동자인가, 아니면 결과로 평가받는 지식 근로자인가?' 지금 이 순간 책상 앞에 앉아 있는 당신에게 던져야 하 질문이다. 회사에 다니고 있으면 누구나 직장인이라는 범주에 속하지만, 그 이름만으로는 어떤 방식으로 일하고 있는지 설명하기 어렵다. '노동 근로자'와 '지식 근로자'의 차이가 여기에 있다.

어느 강연에서 강사는 이렇게 말했다. "노동 근로자는 시간과 체력으로 일하고, 지식 근로자는 생각과 성과로 일한다." 이 말이 내 머리를 맴돌았다. 사실 처음에는 다소 도식적인 구분이라는 생각도 들었다. 하지만 직장생활을 하면서 점점 더 이 말의 본질을 이해하게 되었다. 회사에서 진짜 성과를 내는 사람은, 시간을 오래 회사에 있었다고 칭찬받는 사람이 아니라, 어떤 방식으로든 '결과'를 만들어내는 사람이기 때문이다.

사회생활 생존키트

노동 근로자 vs 지식 근로자 – 기준은 시간이 아니라 성과

노동 근로자는 주로 제조업이나 서비스직처럼 물리적인 행위를 반복하여 일정한 생산물을 만들어내는 직군을 의미한다. 반면 지식 근로자는 영업직, 기획직, 연구직, 개발직처럼 '생각'을 바탕으로 결과물을 창출하는 사람들이다. 여기서 중요한 건 '소요된 시간'이 아니라 '결과 그 자체'다.

영업사원은 하루 종일 돌아다녔더라도 계약을 못 하면 성과가 없는 것이고, 개발자는 몇 날 며칠을 연구하다가 단 하나의 솔루션을 만들어도 큰 성과로 인정받는다. 이처럼 지식 근로자는 노력과 시간을 '얼마나 들였는가'가 아니라 '그 결과가 무엇이었는가'로 평가받는다.

지식 근로자의 좋은 사례는 '강력계 형사'

지식 근로자의 대표적 사례로 흔히 영업직이나 사무직을 떠올리지만, 생각해볼 만한 또 다른 강력한 예시가 있다. 바로 강력계 형사다.

그들은 근무 시간이 따로 없다. 잠복 근무를 위해 밤을 새우고, 사건을 해결하기 위해 며칠씩 집에도 못 들어가는 경우가 허다하다. 그렇게 밤낮없이 수사를 이어간 끝에 범인을 검거하면 비로소 잠시 숨을 고른다. 그들의 업무 기준은 시간이나 출퇴근이 아니라 '결과'다.

강력계 형사는 근무 시간을 기준으로 일하지 않는다. 그들에게 '성과'란 시민의 안전을 위협하는 범죄자를 잡는 것이고, 그 목표를 달성했을 때에만 업무가 끝났다고 말할 수 있다. 이는 지식 근로자가 어떤 자세로 일해야 하는지를 매우 상징적으로 보여주는 사례다.

지식 근로자가 진짜 지녀야 할 태도

그렇다면 지식 근로자로서 갖춰야 할 기본적인 생각과 태도는 무엇일까?

시간으로 자신을 변명하지 말 것. "이 프로젝트에 2주를 매달렸다"는 말보다, "이 프로젝트가 이만큼 효과를 냈다"는 말에 더 큰 힘이 있다. 시간을 기준으로 자기 노력을 설명하려 하지 말고 결과로 입증하자.

선택과 집중의 전략을 갖출 것. 무엇을 할지보다 무엇을 하지 않을지를 정하는 것이 더 중요하다. 지식 근로자의 업무는 시간을 무작정 들이기보다 방향 설정이 중요하다. 아무리 많은 업무를 해도 핵심을 놓치면 '일 잘하는 사람'이 될 수 없다.

어떤 영업사원은 "지난 달에 4,000km를 뛰었어"라고 말하며 본인이 노력한 투입시간을 어필한다. 하지만 지식 근로자는 얼마나 효율적이고 효과적으로 결과물을 창출했느냐가 중요하다. 그것을 어필하라.

공무원은 근로자인가?

공무원을 조금 다른 시각으로 바라보자. 공무원은 근로계약서를 쓰지 않는다. 대신 '임용'이라는 절차로 채용되고, 급여는 정해진 호봉에 따라 지급된다. 그래서 근로자의 날인 5월 1일에도 쉬지 않는다.

공무원은 노동 근로자라고 보기도, 지식 근로자라고 보기도 애매하다. 생산성과 성과로 평가받는 영역이 아니라, 공공서비스의 안정성과

공정성을 제공하는 역할이기 때문이다. 물론 성실하고 창의적인 공무원들도 많지만, 시스템 자체가 민간 기업과는 다른 구조다.

당신은 오늘, 성과로 일했는가?

이 글을 읽고 있는 직장인 여러분, 스스로에게 한 번 물어보자. '나는 오늘 시간으로 평가받는 사람인가, 결과로 인정받는 사람인가?'

출퇴근 시간에만 충실한 사람은 그저 '존재'하지만, 성과를 만들어내는 사람은 '인정'받는다. 성과는 의도한 사람만이 얻을 수 있는 결과다. 오늘도 뭔가를 성취하기 위해 선택하고 집중하는 태도, 그게 바로 진짜 지식 근로자의 모습이다.

요약 정리   **— □ ✕**

- 노동 근로자는 시간과 조건을 기준으로 일하고, 지식 근로자는 성과와 결과로 평가받는다.
- 대표적인 지식 근로자는 영업직, 개발직, 기획직, 그리고 성과 중심의 강력계 형사도 좋은 사례이다.
- 선택과 집중, 결과 중심적 사고, 성과 기반의 자기관리가 필수다.

그거 칭찬 아니야,
격려야

　직장생활을 하다 보면 상사로부터 칭찬을 듣는 순간이 있다. "이번 보고서 아주 잘했어", "그 프로젝트 너 덕분에 마무리 잘 됐다"라는 말에 뿌듯함을 느끼는 건 당연하다. 하지만 나는 직원들에게 늘 강조한다. "그거 칭찬 아니야. 격려야."

　직장에서는 칭찬받았다고 '완성'이라 생각해선 안 된다. 정확히 말하면 이는 격려에 가깝다. 잘했다는 의미보다는 '앞으로도 이렇게 하라', '더 잘할 수 있다'는 메시지가 담겨 있다. 칭찬의 본질을 오해하면 자칫 자만으로 이어질 수 있고, 그것이 반복되면 본인의 성장에도 브레이크가 걸린다.

　반대로 꾸지람을 들었다고 해서 '나는 안 되는 사람인가?' 하고 낙담할 필요도 없다. 상사의 지적은 특정한 행위나 상황에 대한 피드백이지, 당신의 인격이나 전체 실력을 부정하는 것이 아니다. 너무 작게 듣지도, 너무 크게 받아들이지도 말아야 한다.

사례 1: 이 기획안 진짜 잘했어 → 그런데 다음이 더 중요해

한 직원이 중요한 사업 기획안을 제출했다. 상사로서 나는 "이번 기획안 정말 인상 깊었어. 깔끔하고 핵심이 잘 살아있더라"라고 말했다. 그런데 그 다음 말을 빼놓지 않았다.

"이제 이 안건을 실제 실행 단계로 옮길 건데, 고객사 미팅에서도 이 수준을 유지해야 해. 더 정교한 시뮬레이션도 필요할 거야."

직원은 잠시 의아해했다. '칭찬했으면서 왜 또 숙제를 주지?' 그러나 이게 현실이다. 직장인의 성장은 계단이 아니라 경사로다. 칭찬은 멈추라는 뜻이 아니라 계속 앞으로 밀어주는 손길이다.

사례 2: 왜 이런 실수를 했어? → 비난이 아니라 신호다

또 다른 직원은 보고서 숫자에 오류가 있었고, 나는 "이런 기초적인 숫자에서 틀리면 신뢰도가 무너져"라고 지적했다. 다소 강하게 들릴 수 있는 말이지만, 이어지는 말은 이랬다.

"다시 확인하는 습관만 들이면 이런 실수는 충분히 줄일 수 있어. 다음엔 초안 단계에서 한 번 더 검토해봐."

이 직원은 이후 문서 제출 전 항상 더블체크를 습관화했고, 실제 실수율이 눈에 띄게 줄었다. 꾸지람은 한 번이었지만, 거기서 발전을 이뤘기에 칭찬보다 값진 경험이었다.

칭찬과 꾸지람의 본질: 감정이 아니라 '방향성'

직장에서의 칭찬과 꾸지람은 기분 좋고 나쁜 문제가 아니라 방향성을 잡아주는 도구다. 칭찬은 '이 방향이 맞다'는 신호이며, 꾸지람은 '이 방향은 위험하다'는 신호다.

이를 '감정적 평가'로만 받아들이면 반응은 휘청인다. 자존감이 무너지기도 하고, 반대로 과한 자신감에 빠지기도 한다. 하지만 이를 '성장 가이드'로 받아들이면, 피드백 하나하나가 다음 단계를 위한 디딤돌이 된다.

상사의 말 속 의도를 읽는 능력도 실력이다

상사는 모든 말을 100% 친절하게 설명해주지 않는다. 때로는 칭찬 속에 기대가, 질책 속에 애정이 숨어 있다. 이것을 제대로 캐치해내는 사람이 결국 성과도, 인간관계도 잘 풀어낸다.

어떤 직원은 꾸지람 한 마디에 낙담하고 주눅이 든다. 반면 어떤 직원은 그 말 한마디에서 개선점을 찾아내고 다음엔 반드시 달라진다. 차이는 실력이 아니라 '해석의 능력'에서 나온다.

요약 정리   — ⬜ ✕

- 칭찬은 완성된 결과에 대한 박수가 아니라, 앞으로도 잘하라는 격려다.

- 꾸지람은 당신을 부정하는 것이 아니라, 더 나아지라는 메시지다.

- 칭찬에 자만하지 말고, 질책에 낙담하지 마라. 둘 다 성장의 연료다.

- 상사의 말은 감정이 아니라 방향이다. 그 의도를 읽는 능력도 직장인의 핵심 역량이다.

영업자는 단순히 판매만 하지 않는다
– '고객경험 설계자'로서의 영업

'영업직' 하면 많은 사람이 단순히 제품을 팔고 계약을 따내는 역할로 만 생각한다. 그러나 실무에서 오랜 기간 영업을 경험해 본 사람이라면 안다. 영업은 그 이상이다. 단순한 '판매직'이 아니라, 회사 입장에서 조직 전체를 조율하고, 고객의 소리를 회사 안으로 전달하며, 심지어 회사의 역량까지 고객의 눈높이에 맞춰 설계하는 '마에스트로(지휘자)' 역할이다.

영업팀 = 판매 및 고객불만해소팀

과거 한 선배는 농담처럼 말하곤 했다. "영업팀이란 결국 판매 및 고객불만해소팀의 줄임말이야." 처음엔 웃어넘겼지만, 시간이 지날수록 그 말이 얼마나 현실을 반영하고 있는지 깨닫게 되었다. 단순히 제품을 팔고 끝나는 것이 아니라, 납품 지연 문제, 품질 클레임, A/S 요청, 계약조건 변경, 심지어는 담당자 감정 관리까지… 고객과 회사 사이에서 발생하는 모든 문제를 처음 맞닥뜨리는 곳이 바로 영업팀이다. 그래서 영업은 '관계 관리'이자 '문제 해결'의 최전선이다.

질문은 20가지 안팎이다

어떤 품목이든 고객이 실제로 물어오는 질문은 생각보다 많지 않다. 보통 15~20가지 안에서 반복된다. 그 질문에 정확하고 명쾌하게 답할 수 있어야 한다. 중요한 건 그 '정확함'의 수준이다. 고객은 단순한 기능이나 사양을 묻는 것이 아니라, '우리 회사에 이게 왜 좋은가'를 알고 싶어 한다.

예를 들어 보자. 한 번은 B2B 산업기계 관련 제품을 판매하던 A 대리가 새로 수주를 따내기 위해 고객사를 방문했다. 고객사는 "이 제품이 기존 제품보다 뭐가 나은가요?"라고 물었다. 이 질문은 단순히 스펙 차이를 묻는 게 아니었다. 기존 공정에서 이 제품이 가져다줄 개선 효과, 가령 유지비 절감, 다운타임 감소, 에너지 효율 상승 등을 실제 사례와 수치로 보여달라는 요청이었다.

A 대리는 실제로 기존 고객들의 개선 사례를 수치화해서 준비했고, 특히 고객사가 중요하게 여기는 ROI 중심으로 설명했다. 그 결과, 고객사는 "우리 회사를 진짜 이해하고 왔네"라는 반응을 보이며 계약을 체결했다. 질문 20개에 대한 깊이 있는 준비가 계약 성사의 핵심이 된 순간이다.

영업은 '정보 수집가'이자 '조직 조율자'

영업은 단지 고객에게 말을 잘하는 역할이 아니다. 오히려 고객의 니즈를 가장 먼저 포착하고, 그 정보를 조직 내 유관부서에 효과적으로 전달하는 브리징(bridging) 역할이 훨씬 중요하다. 이 점에서 영업자는 일종의 '정보 수집가'이자 '내부 설계자' 역할까지 겸하게 된다.

예를 들어, 한 제조기업의 영업부장이 고객의 불만을 접수하고 제품 개선을 위해 R&D팀과 끊임없이 조율한 사례가 있다. 제품 사양을 일부 수정하고, 생산방식 일부를 조정해야 하는 어려운 일이었지만 이를 통해 고객의 장기 계약을 끌어냈고 결과적으로는 연간 수주 금액이 두 배 이상 증가했다. 이처럼 영업은 조직 내부를 고객 시선에 맞춰 설계하고 조율하는 직무이기도 하다.

고객의 불만을 처리하면 단골로 이어질 수 있다

고객 불만을 능숙하게 다루는 것도 영업의 중요한 업무다. 단순히 불만을 줄이는 것이 목적이 아니라, 불만을 통해 신뢰를 쌓고 재구매로 연결시키는 능력이 진짜 실력이다.

한번은 서비스 클레임을 받고도 오히려 더 강한 신뢰를 얻은 사례가 있었다. 한 고객이 제품 배송 오류로 불만을 제기했을 때, 영업 담당자는 단순 사과에 그치지 않고 다음 날 아침 직접 사무실을 방문해 교체 제품과 함께 작은 손편지를 전달했다. 고객은 "문제가 생긴 건 아쉽지만, 이렇게 신속하고 진정성 있게 대응하는 회사는 처음"이라며 오히려 단골이 되었다. 이 사례는 고객응대에서 진정성과 빠른 대응이 얼마나 큰 차이를 만드는지를 잘 보여준다.

요약 정리   — ☐ ✕

- 영업은 단순한 판매가 아니라, 고객과 조직을 연결하는 '조율자' 역할이다.

- 고객의 질문은 많지 않다. 예상질문에 답안지는 내 노력으로 만들 수 있고 중요한 건 반복되는 질문에 얼마나 깊이 있게 답할 수 있느냐다.

- 영업은 내부조직과의 커뮤니케이션 능력이 절대적이다. 그래서 내부영업 이라는 말도 있는 것이다.

- 고객 불만은 곧 기회일 수 있다. 어떻게 하면 이 불만을 신뢰로 전환할 수 있는가를 고민해보라.

비전이 없어서
그만둔다고?

"요즘 회사 비전이 안 보여서… 그만두려고요." 이 말, 이제 지겹지 않나? 사방 어디서든 들리는 소리다. 신입부터 과장, 심지어 부장까지도 이런 말을 한다. 그런데 그 비전이라는 게 뭔지 묻고 싶다. 대체 뭘 얼마나 고민해봤고, 뭘 해봤는가? 혹시 '비전'이라는 단어를 '내가 하고 싶은 일만 하고 싶다'는 욕망의 다른 표현으로 쓰고 있는 건 아닌가?

누군가는 이렇게 말한다. "회사가 나를 성장시키지 않아서요", "이 일은 제 커리어에 도움이 안 되는 것 같아요", "여기선 미래가 안 보여요."

그들에게 묻고 싶다. 그 미래, 스스로 만들어보긴 했나? 회사 비전이 아니라, 당신 비전은 대체 뭔가?

회사가 방향을 제시해줘야만 움직이는 사람들

물론 회사를 욕하고 싶을 때는 많다. 단기 실적만 보는 경영진, 오너 눈치만 보는 중간관리자, 연봉은 적고 일은 많고, 비전은커녕 당장 이번

달도 버겁다. 그 심정 이해 못하는 거 아니다. 하지만 직장생활 3년, 5년, 10년차쯤 됐다면 이제는 좀 냉정해져야 한다. 누군가는 같은 환경에서 발을 딛고 기회를 만들고, 다른 누군가는 그 자리에서 계속 푸념만 한다.

비전은 '받는 것'이 아니라 '짜는 것'이다

비전은 오너의 몫만은 아니다. 어쩌면 당신이 구성하고 설계하고, 때로는 비틀고 싸워서 만들어 낼 수도 있는 것이다. 직장은 '성장 놀이터'가 아니다. 여긴 생존과 기회의 밀림이다. 회사는 당신의 인생을 100% 책임져주지는 않지만 당신의 삶은 당신이 개척해야 할 전장일 수는 있다.

착각하지 마라. 문제는 '비전 없음'이 아니라 '결단력 없음'이다

비전이 없어서 회사를 떠난다는 말은 어쩌면 진짜 이유가 아닐 거다. 진짜 이유는…

- 그냥 상사와의 관계성이 안 좋아서
- 더 편하고 연봉 높은 회사가 있을 것 같아서
- 미수금 같은 똥 싸놓은 게 너무 많아서

하지만 그렇게 떠난 사람치고 "다음 회사에서 비전을 찾았다"는 말을 듣는 경우는 드물다. 왜냐? 비전은 환경이 아니라 태도에서 나오는 것이니까. 냉정하게 말하면 이렇다. 비전이 보이지 않는 게 아니라, 당신이 아직 '보기 시작하지' 않았을 뿐이다. 그리고 '보고도 행동하지 않는' 경우가 더 많다.

요약 정리

- 회사에 비전이 없다고 말하기 전에 지금 내가 하고 있는 일 안에 어떤 가능성이 있는지 먼저 고민하자.

- 비전은 주는 것이 아니라 관찰하고, 분석하고, 제안하고, 실행하는 과정에서 만들어진다.

- 환경 탓만 하다 보면 당신은 계속 '환경의 소비자'로만 남는다.

- 결국 중요한 것은 '이 회사에 미래가 있느냐?'가 아니라 '내가 여기에서 미래를 만들 생각이 있느냐?'이다.

사회생활 생존키트

임원의
덕목

어느 날이었다. 그룹 회장님께서 내게 조용히 질문을 던지셨다. "이 번에 사직서를 낸 OOO 임원, 어떻게 생각하나?"

그 임원은 한동안 사내에서 주목받던 인물이었다. 센스도 있었고 추진력도 있었으며, 실적도 나쁘지 않았다. 그러나 어느 날 도덕성과 관련된 문제가 불거졌고, 결국 그는 자진해서 사직서를 제출했다.

순간 나는 잠시 망설이다 이렇게 답했다. "임원들 중에서는 부도덕한 놈도 나쁜 놈이지만, 무능력한 놈이 더 나쁜 놈입니다. 재발 방지를 약속하고 기회를 한 번 더 주시는 것이 어떻겠습니까."

물론, 도덕성은 조직을 지탱하는 기본 전제다. 하지만 나는 냉정하게, 그리고 솔직하게 판단하고 싶었다. 도덕적인데 일을 못하는 임원이냐, 다소 흠결은 있지만 실질적으로 회사를 움직이는 임원이냐. 그 질문 앞에서 나는 후자를 선택했던 것이다.

'무능한 착한 사람'의 그림자

사회생활을 하다 보면 종종 '좋은 사람'이라는 이유로 평가받는 이들을 본다. 반듯하고, 인사 잘하고, 매너도 좋다. 그러나 업무에서 명확한 성과를 내지 못한다면, 그것이야말로 조직에 있어 큰 부담이 된다. 특히 임원이라면 그 책임은 더 무겁다.

예전에 같이 일하던 한 부장은 팀원들에게 항상 친절했고, 사내 평판도 좋았다. 그런데 회의에서 전략적 방향을 제시하지 못하고, 프로젝트를 리드하지 못한 채 항상 본부장이나 타 부서의 판단에만 기대곤 했다. 그 결과 중요한 사업 기회를 놓치고 말았다. 회사 내부에서는 '그래도 착하잖아'라는 평가가 있었지만, 손실은 현실로 남았다.

'도덕성' vs '능력'의 딜레마

많은 기업이 임원을 선발할 때 성품이 좋다거나 믿을 수 있는 사람이라는 이유를 들곤 한다. 물론 중요하다. 하지만 그것이 능력을 대체할 수는 없다. 반대로, 뛰어난 성과를 내는 임원이 도덕적 기준을 어겼을 때는 어떻게 해야 할까? 이건 단순한 윤리의 문제가 아니다. 그가 벌인 일의 크기, 조직 문화에 끼친 영향, 그리고 재발 방지에 대한 의지까지 종합적으로 판단해야 한다.

나는 이렇게 정리하고 싶다. 도덕성은 '기본값'이고, 능력은 '존재 이유'다. 기본값이 없는 사람은 위험하고, 존재 이유가 없는 사람은 무의미하다. 임원이라면 둘 다 갖춰야 하지만, 이 중 어느 하나만 선택해야 한다면 조직은 어쩔 수 없이 '존재 이유'를 선택하게 되는 것이다.

경영진의 판단 기준은 감정이 아닌 관점

임원 평가는 개인의 호불호나 감정이 아니라 '기여도'와 '조직 영향력'을 중심으로 이루어져야 한다. 조직 전체의 사기를 흔들 만큼 심각한 도덕적 결함이라면 퇴진이 불가피하다. 그러나 사안이 경미하고, 회복 가능성이 있으며, 무엇보다 조직에 실질적 기여를 하고 있다면, 한 번의 기회는 줄 수 있다고 본다. 경영진이 이 점을 분명히 인식하고 판단해야 한다. 정은 정의를 흐리고, 냉정은 방향을 잡아준다.

그래서 진정한 임원이란 도덕성과 능력 사이에서 균형을 이룰 줄 아는 사람이다. 이 둘 중 하나라도 무너지면 위태롭다. 회사는 '도덕적이고 유능한 임원'을 원하지만, 현실은 늘 선택의 기로 앞에 서게 만든다.

요약 정리   — ☐ ✕

- 임원에게 도덕성과 능력은 모두 중요하나, 조직은 결국 '기여도' 중심으로 판단하게 된다.
- 무능한 임원은 조직에 더 큰 피해를 줄 수 있다.
- 도덕적 결함이 있다면 사안의 중대성과 회복 가능성을 따져 신중하게 판단해야 결정한다.
- 경영 판단은 감정이 아니라, 냉철한 분석과 책임 있는 결정이어야 한다.
- '도덕적이고 유능한 임원'이 되려는 자기관리와 성찰이 가장 중요한 임원의 자격이다.

능력과 적응력은
다르다

일을 잘하는 것과 빠르게 적응하는 것은 다르다. 회사에 새로운 인력이 들어왔을 때 우리는 흔히 이렇게 기대한다. "경력도 있으니 알아서 잘하겠지."

하지만 실상은 다르다. 능력이 있다고 해서 모든 조직에 곧장 잘 적응하는 것은 아니다. 능력은 개인의 역량이고, 적응력은 조직에 자신을 녹여내는 과정이다. 아무리 뛰어난 사람도 조직 문화, 용어, 시스템, 일하는 방식에 익숙해지지 않으면 제 실력을 발휘하지 못한다.

경력이 화려한 신입이었는데도, 조직 분위기에 적응하지 못해 결국 중도에 퇴사한 사례를 여러 번 봤다. 반면, 처음엔 다소 느릿했던 신입이었지만 차근차근 배워가며 조직에 잘 녹아들어 결국 핵심 인력으로 성장한 경우도 많다. 이런 경험을 통해 나는 확신하게 되었다. 적응력은 훈련될 수 있는 능력이며, 조직은 그 훈련을 도와야 한다.

'궁금증 노트'의 힘

나는 예전부터 신규 인력이 입사하면 이렇게 조언한다. "회사의 제품부터 빠르게 익히세요. 모든 커뮤니케이션의 시작은 제품 이해에서 출발합니다."

그리고 그 실천 방법으로 '궁금증 노트'를 권장한다. 이 방법은 내가 신규 사업을 맡을 때마다 직접 써먹었던 실전 학습 도구다. 방법은 간단하다.

일주일에 10개씩, 회사에서 일하면서 생기는 궁금증을 스스로 질문으로 정리한다. 그리고 스스로 답을 찾아 적는다. 모르면 동료에게 묻고, 자료를 찾고, 직접 실물을 본다.

예를 들어, 신규 인력이 이렇게 노트를 채워간다.

- "이 제품의 핵심 기술은 무엇인가?"
- "왜 고객사마다 도면 형식이 다른가?"
- "A팀과 B팀은 어떤 업무 영역이 다르지?"
- "이 계약 조건은 왜 저렇게 구성됐을까?"

이렇게 3개월만 꾸준히 작성하면 마치 퍼즐 맞추듯 회사 일 전반 머릿속에서 연결되기 시작한다. 어느 순간 "저 사람은 이제 물어보는 수준이 다르다"는 말을 듣게 된다. 적응이 끝났다는 증거다.

조직은 '도움'을 제공하고, 개인은 '습관'을 만들어야 한다

신규 인력이 적응하지 못하는 이유는 단순히 능력이 부족해서가 아니다. 대부분은 적응을 위한 구조나 훈련 시스템이 없기 때문이다. 입사 초기에 어떤 제품을 알아야 하는지, 누가 어떤 일을 하는지, 무엇을 먼저 익혀야 하는지 명확히 알려주지 않고 '알아서 하라'는 식이면, 아무리 유능한 인재라도 갈피를 잡지 못하고 시간을 허비한다.

그래서 조직에서는 다음과 같은 구조적 지원 시스템을 갖춰야 한다.

· 핵심 용어 리스트 제공
· 제품 설명 오리엔테이션
· 업무 흐름도나 조직도 공유
· 궁금증 노트 같은 자율 학습 장려

더불어 개인은 '기다리면 누가 알려주겠지'라는 수동적 태도를 버려야 한다. 궁금한 것을 메모하고, 찾아보고, 물어보는 태도 자체가 적응력의 시작이다. '궁금증 노트'는 단순한 도구가 아니라 '궁금해하는 습관'을 기르는 훈련법인 셈이다.

신규 인력뿐 아니라 조직 내에서 새로운 역할을 맡게 된 모든 이들에게 '궁금증 노트'는 강력한 무기가 될 수 있다. 끊임없이 묻고, 메모하고, 찾아보는 사람만이 조직 속에서 빠르게 자리 잡고, 더 큰 성과를 만들어 낼 수 있다. 결국 적응력은, 성장의 속도다.

- 능력과 적응력은 다르다. 아무리 능력이 뛰어나도 조직에 잘 적응하지 못하면 성과를 내기 어렵다.

- 제품 이해가 소통의 출발이다. 회사의 제품과 서비스를 빠르게 숙지해야 다른 업무도 수월하게 풀린다.

- '궁금증 노트'를 활용하라. 스스로 질문을 만들고 답을 찾아가는 과정을 통해 빠르게 지식과 이해도를 쌓을 수 있다.

- 조직은 구조를 마련하고, 개인은 태도를 바꿔야 한다. 적응은 개인의 몫이자 조직의 책임이다.

"해보기는 해봤어?"가
통하지 않는 시대

"해보기는 해봤어?" 정주영 현대그룹 명예회장의 이 한마디는 오랫동안 한국 사회의 도전 정신을 상징해왔다. 불가능해 보이는 일에도 먼저 부딪쳐보며 돌파구를 찾는 정신은 당시 산업화의 중심에서 수많은 불확실성을 돌파해내는 원동력이 되었다. 실제로 정 회장은 서울과 부산을 잇는 고속도로 건설을 두고 주변의 만류에도 "하면 된다"며 밀어붙였고, 결과적으로 그것은 국가 경쟁력을 키우는 초석이 되었다.

하지만 지금은 시대가 다르다. 20세기 후반처럼 자원도 많고 규제도 느슨했던 개척자 중심의 시대가 아니다. 지금은 AI와 데이터가 중심이 되는 고도화된 정보 기반 사회다. 이제는 단순히 "한번 해보자"는 말이 설득력이 없다. 무턱대고 도전하는 것이 아니라, 사전에 충분한 준비와 전략적 판단이 전제되어야만 한다.

준비 없이 덤비는 것이 더 위험한 시대

과거에는 실패를 두려워하지 않고 '일단 저지르고 보자'는 접근이 통했다. 왜냐하면 그 실패에서 배우는 것이 더 많았기 때문이다. 하지만 지금은 실패 자체가 조직에 치명적인 비용이 되기도 한다. 한 번의 잘못된 시도는 브랜드 신뢰를 무너뜨리고, 시장에서의 기회를 아예 잃게 만들 수 있다.

예를 들어, 한 중견기업이 최근 전기차 배터리 시장에 진입하기 위해 새로운 라인을 구축했다. 남들 다 하니까 우리도 한번 해보자는 식이었다. 하지만 내부에 관련 인력도, 기술도, 공급망도 제대로 준비되지 않은 상태였다. 결과는 수십억 원의 손실과 함께 해당 프로젝트 전면 백지화. 경영진은 뒤늦게 "우리가 뭘 모르고 있었다"는 점을 인정했다. 이 사례에서 중요한 점은 '시작'이 문제가 아니라 '준비 부족'이 실패의 원인이라는 것이다.

지금은 '역량 확인 → 전략 수립 → 실행'의 시대

요즘 시대의 성공 공식은 명확하다. '될까 말까'를 따지기 전, '무엇을 준비해야 하는가?'를 먼저 물어야 한다. 아무리 좋은 기회라도 우리 조직의 현재 역량이 그것을 감당하지 못한다면 그것은 기회가 아니라 리스크다.

예전에는 실행력이 곧 능력이었다면, 지금은 전략 기획력이 더 중요해졌다. AI가 데이터를 기반으로 수많은 시뮬레이션을 해주는 지금, 우리는 '무엇을, 왜, 언제, 어떻게 할 것인가'를 더 면밀히 검토할 수 있다. 그렇기에 도전의 출발점은 더 이상 단순한 '용기'여서는 안 된다. '계산된 용기'여야 하며, '준비된 자신감'에서 비롯된 것이어야 한다.

조직에서 이런 질문을 던져보자

- 우리는 이 일에 필요한 핵심 역량(기술, 인력, 자금, 시간)을 갖추고 있는가?
- 유사한 시도를 했던 타사의 실패와 성공에서 배운 교훈은 무엇인가?
- 우리 내부에서 발생할 수 있는 리스크와 대응책은 있는가?
- 만약 실패한다면 회복 가능한 수준인가, 아니면 조직 전체를 흔들 수 있는가?

이런 질문을 거쳐야만 "그럼, 한번 해보자"는 말이 진짜 힘을 가진다. 단지 열정만으로 일을 추진하면, 자신감이 아닌 무모함으로 끝날 가능성이 크다. 결국 중요한 것은 '무작정 해보는 것'이 아니라 '할 수 있다는 근거를 가지고 해보는 것'이다. 이제 우리에게 필요한 건 무작정 도전하는 정신이 아니라 전략적으로 도전하는 정신이다. 그것이 성과의 시작점이다.

요약 정리 ― ▢ ✕

- "해보기는 해봤어?"는 더 이상 통하지 않는 말일 수 있다.

- 과거에는 실행 중심의 도전이 성공을 이끌었다면, 지금은 '준비와 전략'이 우선이다.

- AI 시대에는 실패의 대가가 커졌고, 역량 없는 도전은 조직을 위험에 빠뜨릴 수 있다.

- 도전은 '용기'보다 '준비된 자신감'에서 출발해야 한다.

- 실행에 앞서 스스로 던져야 할 질문이 더 중요해졌다.

휴가가 어디 있습니까?
– 쉼표 없는 일상이 만든 불협화음

"제가 무슨 휴가가 있습니까." 예전 어느 공장장을 처음 만났을 때 들었던 말이다. 그는 자랑스럽게 덧붙였다. "우리 생산직 간부들은 휴가를 안 갑니다. 회사가 바쁠 때 어떻게 자리를 비웁니까."

순간, 그 말이 일종의 '충성의 증표'처럼 들렸다. 마치 쉬지 않고 일하는 것이 최고의 미덕인 양.

나는 조심스럽게 이렇게 말했다. "공장장님께서 먼저 휴가를 다녀오십시오. 그래야 다른 간부들도 눈치 보지 않고 쉴 수 있습니다."

그는 처음에는 멋쩍은 웃음을 지었지만, 이후 실제로 짧은 휴가를 다녀왔고, 이후 간부들이 하나둘씩 당당하게 연차를 쓰기 시작했다. 변화는 그렇게 시작됐다.

'쉬지 않고 일한다'는 착각

직장에서 "몇 년째 휴가 한 번 제대로 못 갔다"는 말은 종종 자부심

섞인 무용담처럼 들린다. 물론 바쁜 시기엔 개인 일정보다 업무가 우선이 될 수도 있다. 그러나 그것이 반복되면 어느 순간 자기 삶을 회사에 통째로 맡긴 듯한 착각에 빠지게 된다.

휴가를 가지 않는다는 건 정말 회사에 도움이 되는 일일까? 당장의 생산성과 충성심은 높일 수 있을지 모른다. 그러나 시간이 흐르면 문제가 드러난다. 피로 누적, 창의력 고갈, 관계 갈등, 건강 이상. 결국 이 모든 비용은 개인뿐 아니라 조직 전체의 리스크로 되돌아온다.

실제로 한 제조업체에서 있었던 사례다. 품질팀장 A씨는 5년 넘게 휴가를 제대로 쓰지 않았다. 언제나 제일 먼저 출근하고, 퇴근은 가장 늦었다. 그런데 어느 날 그가 과로로 쓰러졌고, 그가 담당하던 주요 고객 응대는 몇 주간 공백 상태가 됐다. 그제서야 회사는 깨달았다. 관리자 한 명이 모든 걸 떠맡는 구조가 오히려 조직을 취약하게 만든다는 사실을. 지속 가능한 성과는 '쉬지 않고 달리는 것'이 아니라 '잘 쉴 줄 아는 것'에서 시작된다.

멋진 곡에는 쉼표가 있다

쉼표는 음악에서 단순히 '멈춤'을 뜻하지 않는다. 때로는 다음 소절의 긴장감을 고조시키고, 흐름을 정돈해주는 중요한 장단이다. 마찬가지로 '일'이라는 악보 위에서도 적절한 쉼은 곡을 더욱 풍성하게 만든다.

이 쉼표는 회사가 주지 않기에 스스로 찍어야 한다. 조직의 리더일수록 더 그렇다. 리더가 자리를 비울 수 있는 구조, 부재 시에도 문제가 생기지 않는 시스템, 그리고 누구든 당당하게 휴가를 사용할 수 있는 분위기. 이 세 가지는 건강한 조직을 위한 필수 조건이다.

회사에서 인정받는다는 건 몸이 부서질 때까지 버티는 것이 아니라, 자리를 비워도 돌아가는 체계를 만들어내는 것이다.

리더의 책임, 휴가를 쓰게 하는 문화

한 조직이 '야근보다 정시 퇴근', '성과보다 지속가능성'을 중요시하게 되려면 문화부터 바뀌어야 한다. 그 문화는 어디서부터 시작될까? 바로 리더다.

리더가 먼저 자리를 비울 수 있어야 한다. 그래야 구성원도 눈치 보지 않고 쉴 수 있다. 한 팀장이 여름휴가를 가지 않고 계속 남아있자, 팀원 누구도 연차 신청을 하지 않았다. 결국 팀장이 "내가 나가줄 테니 다들 휴가 계획 세워라"는 말로 분위기를 바꿨다. 이렇듯 '쉬는 것'은 단순히 개인의 권리를 넘어서, 조직 문화의 축을 바꾸는 일이기도 하다.

- 휴가를 가지 않는 문화는 오히려 조직의 건강성을 해친다.

- 리더가 먼저 자리를 비울 수 있어야 구성원도 쉴 수 있다.

- '쉬지 않고 일하는 것'은 미덕이 아니라 리스크가 될 수 있다.

- 쉼표가 있어야 곡이 완성되듯, 일에도 휴식이 있어야 지속가능한 성과가 만들어진다.

나 자신과 친해져라
– 자존감 있는 직장인이 되는 법

　　직장생활은 인간관계의 연속이다. 매일 마주하는 상사, 동료, 후배들과의 관계 속에서 우리는 끊임없이 타인의 시선과 평가를 의식하게 된다. 그 과정에서 어느 순간부터 '나는 누구인가'보다 '남들이 나를 어떻게 보는가'가 더 중요해져 버리고 문제는 이 순간부터 스스로를 잃기 시작하게 된다. 사회적 역할에만 몰입하다 보면 자존감은 점점 메말라 하게 마련이다.

　　그래서 강조하고 싶은 말이 있다. "내 자신과 친해져라." 즉, 누구보다도 스스로를 존중하고, 자기 삶의 주인으로 인정하라는 이야기이다.

자존심은 밥보다 중요할 때가 있다

　　"밥을 굶는 한이 있더라도 자존심을 굶을 수는 없다." 이 말은 자존심을 앞세워 고집부리라는 뜻이 아니다. 직장에서 현실적으로 살아남기 위해 어느 정도의 유연함은 필요하다. 하지만 그렇다고 해서 나 자신을 끊임없이 희생하고, 타인의 기준에 맞추기 위해 무작정 자신을 깎아내리는 건 오히려 장기적으로 조직에도 해가 된다.

한 중견기업의 대리였던 김대리는 매번 회의에서 자신의 아이디어를 꺼내지 못했다. 상사의 반응이 두려웠고, 동료들이 '튀는 행동'이라 여길까봐 망설이곤 했다. 하지만 어느 날 실무를 맡고 있던 프로젝트의 방향에 큰 오류가 있다는 사실을 발견했다. 그는 처음으로 용기를 내어 회의 시간에 그 문제를 조심스럽게 지적했다. 분위기가 순간 싸해졌지만, 결과적으로 그의 지적 덕분에 수천만 원의 손실을 막을 수 있었고 그는 팀 내에서 신뢰를 얻게 되었다. 그는 말한다. "그때 처음으로 제 자신에게 칭찬받은 느낌이었습니다."

직장에서는 결국 실력과 신뢰가 쌓여야 인정받는다. 눈치를 보며 침묵하는 사람보다는, 때로는 불편하더라도 '옳은 말을 할 줄 아는 사람'이 더 멀리 갈 수 있다. 그 첫걸음은 내가 나를 인정하는 것이다.

눈치를 보느라 무너지는 자존감

"왜 나는 저 사람처럼 못할까?", "이번에도 상사한테 잘 보이지 못했네…" 이런 생각은 하루에도 몇 번씩 직장인들의 머릿속을 스친다. 하지만 중요한 건 누구와 비교해서 내가 부족한가가 아니라, 어제의 나보다 오늘 내가 얼마나 성장했는가이다.

회사에서는 모든 사람이 각자의 역할을 맡는다. 누군가는 화려하게 발표를 잘하고, 누군가는 묵묵히 뒤에서 실무를 완수한다. 중요한 건 그 모든 역할이 회사 운영에 필수적이라는 사실이다. 자신이 맡은 자리에서 최선을 다하며 스스로의 가치를 확인하는 것이 자존감의 시작이다. 자신과 친한 사람은 쉽게 흔들리지 않는다. 회사라는 거친 파도 위에서 중심을 잃지 않으려면, 가장 먼저 스스로에게 믿음을 주어야 한다. '나'라는 존재에 대한 존중이 곧, 사회생활에서의 당당함이자 경쟁력이다.

현실적인 실천법 – 나 자신을 존중하는 세 가지 방법

1. **하루에 한 번은 나를 칭찬하라:** 오늘 하루 잘한 일이 하나라도 있다면, 그것을 스스로 인정해 주자. '회의 준비를 꼼꼼히 했다', '동료를 도왔다' 같은 작은 일도 좋다.

2. **비교 대신 기록을 남기라:** 남과 비교하지 말고, 내 성장의 흔적을 기록하라. 주간 단위로 했던 업무, 배운 점, 느낀 점을 메모하는 습관은 자신에 대한 신뢰를 높이는 데 큰 도움이 된다.

3. **경계선을 그어라:** 무례한 말이나 부당한 요구에는 "아니요"라고 말할 줄 아는 연습이 필요하다. 모든 사람에게 착한 사람이 되려고 애쓰다 보면 결국 자신에게 가장 나쁜 사람이 되게 된다.

- 직장생활에서 가장 중요한 사람은 바로 '나 자신'이다.

- 타인의 평가보다 스스로를 인정하고 존중하는 태도가 더 강한 동력을 만들어낸다.

- 자존심은 때로는 밥보다 중요하다. 나의 정체성과 가치를 지키는 자존감은 성과의 근간이다.

- 오늘의 나는 어제보다 더 나은 방향으로 성장하고 있다는 걸 믿으라.

일에서 진짜 행복을
찾는 사람들

"회사 왜 다니냐고? 결국은 돈 벌려고 다니는 거지." 누구나 한 번쯤 은 해봤거나 들어봤을 말이다. 틀린 말은 아니다. 생계를 유지하고, 가족을 챙기고, 미래 준비하려면 돈이 있어야 하고 그러려면 일해야 한다.

그런데 잠깐, 더 중요한 질문을 던져보자. 왜 그렇게 돈을 벌고 싶은 걸까? 결국엔 행복해지고 싶어서다. 돈으로 좋은 집에 살고, 맛있는 걸 먹고, 여행 다니고, 아이 교육시키고, 노후 걱정 없이 살고 싶다. 이 모든 건 행복하려는 마음에서 비롯된 거다.

문제는 어느 순간부터 순서가 뒤바뀌었다는 거다. 행복해지기 위해 일했던 건데, 지금은 일에 쫓기며 행복은 '언젠가'와 '나중에'라는 말로 위안 삼고 있다. '버티다 보면 괜찮아지겠지', '이번 달만 넘기자' 하면서 하루하루를 버티는 사람도 많다.

그런데 말이다. 행복은 나중에 오는 게 아니라, 지금 느끼는 현재형 이다.

사회생활 생존키트

좋아하는 일, 왜 선택하냐고?

한 사람은 돈도 잘 안 되는 회사를 3년째 다니고 있었다. 이유를 물어봤더니, "하는 일 자체가 재미있어요. 성과가 눈에 보이고, 고객 반응도 좋고요. 내가 만든 결과물에 만족할 수 있는 게 좋아요"라는 답이 돌아왔다.

이 사람은 돈을 포기한 게 아니다. 자기 삶에서 '행복의 무게 중심'을 지금 이 순간에 두고 있는 거다.

사람마다 행복을 느끼는 포인트는 다르다. 누군가는 높은 연봉에서, 누군가는 워라밸에서, 누군가는 성취감에서 만족을 느낀다. 핵심은 그 일이 나에게 의미가 있느냐는 것. 직장은 단순히 돈 버는 수단이라고만 생각하면, 인생의 절반은 의미 없는 시간으로 채워진다. 반대로, 지금 하는 일에 의미를 부여하고 성장하려 하면 그 시간 자체가 인생의 자산이 된다.

이직을 고민할 때 스스로에게 물어봐야 할 것

이직을 고민하는 후배와 대화를 나눈 적 있다. "선배, 솔직히 요즘 회사 다니는 시간이 너무 무의미해요. 출근하기가 싫어요. 그래서 이직 준비 중이에요."

그래서 물었다. "그럼 지금 이 자리에서 의미는 남이 만들어줘야 하나?" 그 후배는 한참을 말없이 앉아 있었다.

생각해보면, 지금 회사가 완벽하길 바라는 건 무리다. 어딜 가든 불만은 생기고, 단점이 보이기 마련이다. 그 자리에서 의미를 찾으려는 자세가 중요한 이유다.

누구나 힘든 시기는 있다. 일이 안 풀리고, 조직 문화에 회의가 들고, 상사와 맞지 않을 수도 있다. 하지만 그런 상황 속에서도 내가 나에게 물어야 할 질문은 이것이다. "내가 이 안에서 배울 수 있는 건 뭐지?" 그걸 찾아내야 결국 더 단단해지고, 어디서든 통하는 사람으로 성장한다.

일의 재미, 그리고 버는 재미

한 팀원이 말했다. "요즘 고객 응대하면서 피드백 듣는 게 너무 좋아요. 문제 하나 해결하면 뭔가 게임 깨는 느낌이랄까?"

그리고 웃으며 덧붙였다. "성과 달성하고 인센티브 들어올 땐… 솔직히 그 맛도 짜릿하죠."

이게 진짜다. 일 자체가 재미있고, 성과는 그 재미에 대한 보상이다. 일을 억지로 하는 사람과, 재미 붙이고 즐기면서 일하는 사람은 결과가 다르다. 그 차이가 모여 인생을 만든다.

일의 의미, 일의 성취, 그리고 보상. 이 세 가지가 나란히 맞춰질 때, 회사 생활은 '버티는 시간'이 아니라 '내가 성장하는 무대'가 된다.

즐거움과 성과, 둘 다 잡아야 진짜다

"즐거운 일은 돈이 안 돼", "돈 되는 일은 재미가 없지." 이런 말들, 그럴싸해 보이지만 전부 핑계가 될 뿐이다.

즐겁기만 한 일은 취미다. 성과만 있는 일은 소모다. 프로는 이 둘을 동시에 챙긴다. 일하면서 웃을 수 있어야 하고, 웃으면서도 결과는 내야 한다.

회사는 결과를 보지만, 사람은 감정을 가진 존재다. 조직에선 성과가 중요하지만, 내가 무너지지 않으려면 즐거움이 있어야 한다. 둘 중 하나라도 놓치면 오래 못 간다. 일 잘하면서도 웃을 수 있는 사람, 웃으면서도 실적을 내는 사람. 그런 사람이 결국 살아남는다.

요약 정리   ― ☐ ✕

- 일의 목적은 결국 행복이다. 돈은 수단일 뿐, 진짜 목적은 내가 행복한 삶을 사는 것이다.
- 지금 자리에서 의미를 만들어야 한다. 완벽한 환경은 없다. 의미는 스스로 만들어가는 것이다.
- 일의 재미와 성과의 보람은 같이 가야 한다. 재미만 있으면 취미고, 성과만 있으면 소모다. 둘 다 잡아야 진짜다.
- 행복은 나중이 아니라 지금이다. 지금 이 순간, 내가 행복하게 일하고 있는지가 중요하다.

고객을 만난다는 것
– 준비된 사람만이 신뢰를 얻는다

고객을 만나러 가는 길은 하나의 중요한 전투와 같다. 이 전투에서 이기기 위해선 사전 준비가 무엇보다 중요하다. 단순히 자료만 챙기는 것이 아니라, 상대방의 마음과 상황을 헤아리는 '정성'이 필요하다.

지역 이슈는 대화의 문을 여는 열쇠

나는 고객사를 방문하기 전에 반드시 그 지역의 최근 이슈나 뉴스들을 찾아본다. 간단한 로컬 뉴스, 교통 변화, 큰 행사, 날씨 변화 등 어떤 것이라도 괜찮다. 예를 들어 부산의 한 고객을 만날 일이 있었는데, 그 전날 '부산불꽃축제'가 열렸다는 뉴스를 보고 미팅 자리에서 먼저 이야기를 꺼냈다.

"어제 불꽃축제 보셨습니까? 엄청 화려하더군요."

그 말 한마디에 고객은 웃으며 이야기를 풀기 시작했다. 긴장감이 사라지고 자연스럽게 미팅이 이어졌다. 결국 좋은 대화는 '자료'보다 '공감'

에서 시작된다는 걸 다시 한번 느꼈다.

시간을 제안하는 사람이 대화를 주도한다

고객과 미팅 일정을 잡을 때, 나는 언제나 두 가지 시간을 제안한다. "화요일 오전 10시나, 수요일 오후 3시 중에 편하신 시간 있으실까요?"

이렇게 하면 고객이 '선택'하게 되고, 본인이 결정한 시간이라 책임감 있게 시간을 지키는 경우가 많다. 노쇼(No-show)는 거의 없다. 단순한 디테일 같지만, 이건 관계의 시작부터 '존중'의 신호를 보내는 것이다.

미팅 전, '소요 시간'에 대한 합의

대화를 시작하기 전에, 나는 이렇게 말한다. "오늘 미팅은 약 20분 정도 예상하고 있습니다. 괜찮으실까요?"

고객이 시간을 정리하고 집중하게 된다. 그렇지 않으면 중간에 전화를 받거나, "자료만 주세요. 나중에 볼게요" 하며 대화 자체가 흐지부지 끝날 수 있다. 준비된 미팅은 길지 않아도 고객의 집중과 반응을 끌어낸다.

사회적 증거는 고객의 불안을 덜어준다

고객은 언제나 '이게 나한테 효과가 있을까?'를 고민한다. 이럴 때 필요한 것이 바로 '사회적 증거'다. 나는 항상 우리 회사의 납품실적 리스트를 최신으로 업데이트해서 가지고 다닌다.

"여기 보시면, 비슷한 업종의 ○○기업도 저희 제품을 사용 중입니다."

그 한마디가 고객의 불안을 덜고 믿음을 준다. 무작정 '좋다'고 하는 것보다, 타인의 선택과 결과를 보여주는 것이 훨씬 설득력 있다. 그래서 난 납품리스트를 항상 갖고 다녔다.

반론은 관심의 또 다른 표현

고객이 "그건 좀 아닌 것 같은데요"라고 말하면 나는 속으로 '관심 있다'는 신호로 받아들인다. 정말 관심이 없으면 반론조차 없다. 이럴 때 중요한 건 감정적으로 반응하지 않고, 고객의 말을 끝까지 듣는 것이다.

예전 한 고객은 "이건 가격이 너무 비싼 것 같아요"라고 말한 적이 있다. 나는 침착하게 제품의 원가구조와 품질 보증 정책을 설명했고, 무엇보다 타사와 비교한 데이터 자료를 보여주며 납득시켰다. 결국 계약으로 이어졌고, 지금은 충성고객이 되었다.

결국, 반론을 두려워할 게 아니라 '증거와 논리'로 준비해야 한다. 그게 바로 사전준비의 힘이다.

요약 정리   — ▢ ✕

- 지역 이슈를 숙지하라 대화의 물꼬를 트는 데 탁월한 효과가 있다.

- 약속 시간은 두 개를 제시하라 고객의 참여와 책임감을 유도할 수 있다.

- 미팅 전에 소요 시간을 공유하라 고객의 집중을 유도하고 회의의 흐름을 잡을 수 있다.

- 사회적 증거를 활용하라 실적, 타사 사례, 리뷰 등은 강력한 신뢰의 근거가 된다.

- 고객의 반론을 기회로 받아들여라 감정보다 논리와 자료로 대응하라.

리더의 덕목
– 앞장서는 자의 책임

"사자가 이끄는 양 100마리와 양이 이끄는 사자 100마리가 싸우면 누가 이길까?" 이 물음은 단순한 우화를 넘어서 조직의 본질을 꿰뚫는 통찰을 담고 있다. 능력 있는 팀원도, 자원이 풍족한 조직도 결국 리더가 누구인가에 따라 그 성과는 천양지차가 된다. 그만큼 리더의 존재는 조직의 방향성과 생존을 좌우하는 핵심 변수다.

리더란 누구인가 – 직급이 아닌 '행동'이다

리더는 직함으로 정해지는 것이 아니다. 진짜 리더는 직급이 아니라 '책임지는 태도'와 '앞장서는 행동'으로 결정된다. 회사에 막 입사한 신입사원이라도 프로젝트에 누구보다 진심이고, 팀의 성과를 위해 먼저 움직인다면 그 순간 그 사람은 '팀의 리더'가 된다.

우리 회사 부회장님은 항상 강조하신다. "리더는 솔선수범해야 한다."

회의시간보다 10분 일찍 도착하는 팀장, 누구보다 꼼꼼하게 보고서를 검토하는 임원, 회사에서 진행되는 각종 캠페인에 가장 먼저 참여하는 CEO. 강력한 리더십은 '행동'에서 나온다. 결국 사람들은 리더의 말이 아니라 '습관과 태도'를 따라간다.

사소한 행동이 진짜 리더십을 만든다

한번은 회사 주차장에서 있었던 일이다. 어느 날 아침, 본부장님이 회사 건물 앞에 떨어진 커피컵을 주워 쓰레기통에 버리는 모습을 우연히 보게 됐다. 아무 말 없이 지나갈 수도 있었고, 굳이 하지 않아도 되는 일이었다. 그런데 그 장면 하나가 팀원들 사이에 오래 회자됐다. "우리 본부장님, 역시 다르더라."

그날 이후 이상하게도 사무실 주변에 쓰레기가 줄었고, 사람들의 태도도 조금씩 달라졌다. 이런 것이야말로 '강요 없는 리더십'이다. 말 한마디 없이, 눈치도 주지 않고 스스로 움직이는 리더가 조직의 문화를 바꾼다.

실무형 리더, 따뜻한 리더

리더십은 권위만으로 유지되지 않는다. 특히 MZ세대와 함께 일하는 조직에서는 '지시형 리더'보다 '소통형 리더'가 더 효과적이다. 구성원의 고충을 들어주고, 팀원의 실수를 감싸줄 줄 아는 리더, 필요할 땐 과감하게 의사결정을 내리는 실무형 리더가 진짜 인정받는다.

어느 팀장님은 주말마다 팀원들과 함께 '성장 독서모임'을 만든다. 누가 시켜서가 아니라 스스로 먼저 시작했고, 책을 읽고 토론하는 시간 덕에 구성원 간 유대감은 깊어졌다. 리더란 결국 조직의 분위기를 만들어내는 촉매제다. '함께 일하고 싶은 사람'이 되는 것이 리더로서 가장 강력한 경쟁력이다.

리더십이란 '이기려고 앞서는 것'이 아니라 '버티려고 앞서는 것'

전쟁터의 장수는 맨 앞에서 싸우는 게 아니라 가장 마지막에 철수한다. 가장 늦게 밥을 먹고, 가장 먼저 깨어 있고, 책임은 자신이 지고 공은 팀원에게 돌리는 것이 진짜 리더다. 리더는 타고나는 것이 아니다. 매일매일의 선택과 행동 속에서 길러진다. 당신이 지금 어떤 위치에 있든, 오늘부터 누군가의 롤모델이 될 수 있다. 조직의 방향은 결국, 가장 먼저 걷기 시작한 사람의 발끝에서 결정된다.

리더십의 본질은 결국 "함께 가자"고 말할 수 있는 용기와 책임감이다.

요약 정리　　　　　　　　　　　　　　　　　　　　　　　　　　　　− ロ ×

- 솔선수범은 말보다 빠르다. 팀원보다 먼저 행동하라. 리더의 진정성은 행동에서 드러난다.

- 작은 행동이 문화를 만든다. 쓰레기 줍기, 약속 지키기, 먼저 인사하기. 이 모든 것이 리더십의 시작이다.

- 위로부터 따뜻하게, 아래로부터 단단하게. 따뜻한 리더가 강한 조직을 만든다. 공감과 소통을 잊지 마라.

- 리더는 결국 '책임지는 사람'이다. 성공했을 때는 팀의 공, 실패했을 땐 리더의 책임. 이 자세가 팀을 지킨다.

코브라 효과
– 통제가 만든 반작용

좋은 의도가 언제나 좋은 결과를 만들지는 않는다. 코브라 효과(Cobra Effect)는 본래 문제를 해결하려다 오히려 문제를 더 키우는 현상을 말한다. 이 개념은 인도 식민지 시절의 한 에피소드에서 비롯됐다.

당시 영국 식민정부는 델리 지역의 코브라 개체 수를 줄이기 위해, 죽은 코브라를 가져오면 돈을 주는 보상 정책을 시행했다. 처음엔 코브라 수가 줄어드는 듯했지만, 얼마 지나지 않아 사람들은 코브라를 직접 사육하기 시작했다. 돈벌이 수단이었기 때문이다. 정부가 이 사실을 알고 정책을 중단하자, 사람들은 키우던 코브라를 한꺼번에 풀어버렸다. 결과적으로 코브라는 더 많아졌고 전보다 더 큰 혼란이 생겼다.

이처럼 통제나 정책이 단기적인 시선으로 설계되면, 현실은 의도와 전혀 다르게 흘러간다. 그리고 이 원리는 오늘날 직장에서도 정확히 반복된다.

조직 내 코브라 효과 – 과도한 경비 관리의 함정

한 중견기업에서 경영진이 '경비 절감'을 최우선 과제로 내세웠다. 부서별 회식비, 출장비, 복리후생비까지 모조리 삭감됐다. 팀장들은 지시를 따르느라 '돈 안 쓰는 조직'을 만들었다.

그런데 문제는 그때부터 시작됐다. 고객사 미팅이 줄어들고, 테스트가 늦어지며, 협업도 줄어들었다. 초기엔 비용이 줄어든 것처럼 보였지만, 결국 고객 불만이 쌓이고, 실질적인 수익은 하락했다. 지출은 줄었지만 성과도 같이 무너졌다. 이게 바로 코브라 효과다. 겉으로 보기엔 '관리'를 잘한 것 같지만, 실제로는 조직 전체의 생기를 죽여버린 꼴이다.

성과 중심 사고로 전환하라

직장에서는 항상 본질을 봐야 한다. 돈을 안 쓰는 게 목적이 아니라, 돈을 써서 뭘 이루는가가 중요하다. 성과가 없으면, 절약도 아무 의미 없다.

예를 들어 누군가 30만 원의 출장비를 써서 1억 원짜리 계약을 따냈다고 하자. 이건 비용이 아니라 '투자'다. 반대로 아무 결과도 없는 회의 몇 번 하고 10만 원 썼다면, 그건 낭비다. 결국, 얼마를 썼는지가 아니라 성과가 있었느냐 없었느냐가 기준이어야 한다.

회사마다 절감이든 효율화든 여러 명분을 내세우지만, 중요한 건 얼마나 잘 관리했느냐가 아니라, 얼마나 성과를 만들었느냐.

성과가 없는 통제는 독이다

직원을 비용으로만 본다면, 그들은 새로운 시도 자체를 피하게 된다. 위험을 감수하지 않고, 시키는 일만 하게 되고, 아무 일도 안 일어나게 만든다. 그 순간 조직은 멈춘다.

어느 IT 스타트업은 예산을 전면 자율화하면서, 대신 각 프로젝트의 성과만으로 팀을 평가했다. 처음엔 우려도 있었지만 팀원들은 책임감을 갖고 적극적으로 움직였다. 고객과의 미팅도 늘고, 실패도 많았지만 성과도 눈에 띄게 좋아졌다. 예산이 아니라 결과로 말하는 조직이 더 빠르게 성장한다는 걸 보여준 사례.

불필요한 통제는 의욕을 죽이고, 결과를 망친다. 진짜 통제는 '결과를 내는 구조'를 만드는 것이다. 성과는 자유 속에서 자란다.

요약 정리 ‒ ▢ ✕

- 코브라 효과는 잘못된 보상과 통제로 인해 오히려 문제가 악화되는 현상이다.

- 조직에서도 지나친 경비 통제는 업무 의욕을 꺾고, 결과적으로 성과를 망친다.

- '얼마 썼느냐'보다 '뭘 이루었느냐'가 중요하다. 비용 통제가 아니라 성과 중심 사고가 조직을 살린다.

- 직원이 성과를 만들 수 있게 환경을 설계하고, 자율과 책임을 주는 게 진짜 관리다.

- 성과를 기준으로 판단하고, 눈앞의 절감보다 장기적 결과를 볼 수 있어야 한다.

작가
*
인터뷰

이 책을 집필하게 된 계기는 무엇인가요?

많은 사람들이 오랜 시간 공부를 하지만, 정작 사회생활을 잘하는 법은 배우지 않은 채로 사회에 나오잖아요. 저 역시 그랬어요. 제대로 가르쳐 주는 사람도 없었고, 참고할 만한 책도 없었죠. 오로지 경험으로 부딪히며 사회 초년생 시절을 보냈어요. 그렇게 30여 년 동안 수많은 시행착오를 겪었습니다. 그러다 보니 '미리 알았더라면 참 좋았겠다' 싶은 나름의 노하우가 많이 생겼죠. 후배들이 조금 더 빠르게 소양을 갖추고 센스 있게 대응할 수 있도록 도와주고 싶었어요.

사회생활은 결국 성과를 만들어가는 과정이에요. 이 책에는 성과의 의미와 과정, 그리고 성과를 대하는 태도까지 담았습니다. 사회 초년생뿐 아니라 10년 차, 20년 차의 사회인에게도 도움이 될 거예요. 각자의 자리에서 한 걸음 더 단단해질 수 있기를 바랍니다.

과거로 돌아가 신입 시절의 자신을 만난다면, 어떤 조언을 가장 먼저 해주실 건가요?

사실 그리 대단한 조언은 떠오르지 않는데요. 아마 제가 현재의 제 모습에 만족하고 있기 때문일 거예요. 아주 특별하거나 남들이 선망할 만한 길을 걸어온 건 아니지만, 지금 충분히 행복하거든요. 그래도 한 가지 꼽자면, 마케팅 관련 책이나 자기계발서를 많이 읽으라는 조언을 해줄 것 같아요. 생각의 주머니를 더 키우는 공부를 하라고요. 결국 시간이 지나면 그게 가장 큰 자산이 되더라고요.

사회생활 생존키트

실무자에서 관리자로 넘어가는 '마의 구간'을 버티게 해준 가장 강력한 무기는 무엇인가요?

책에도 썼지만, '피터의 법칙'이라는 이론이 있어요. 보통 잘하던 일을 기준으로 승진하게 되지만, 직무가 바뀌면 그 능력이 그대로 통하지 않을 수 있다는 게 핵심인데요. 결국 조직에는 '유능해서 올라갔지만, 준비되지 않은 자리에서 어려움을 겪는 사람'이 생기게 돼요. 실무자에서 관리자로 넘어가는 과정에서 이 개념에 많은 영감을 받았습니다. 그리고 이를 극복하기 위해 스스로 만든 방법이 바로 '궁금증 노트'였어요. 아마 주변에서는 거의 쓰지 않는 방식일 겁니다.

방법은 단순해요. 업무 중 모르는 용어나 원리가 나오면 바로 메모해 두고, 이후 뜻을 찾아 노트에 짧게 정리합니다. 이렇게 일주일에 10개 정도씩 꾸준히 쌓아가다 보면, 자연스럽게 회사 상품과 업무 전반을 깊이 이해하게 돼요. 어느 순간 전문가로서의 노하우가 생기죠. 지금도 신규 입사자들에게 3개월간 의무화할 만큼 효과적인 방법이에요. 이렇게 실무를 충분히 장악하고 나면, 관리자로 넘어가더라도 업무를 입체적으로 파악하고 조직을 이끌 수 있게 됩니다.

그런데 막상 관리자가 된 이후 가장 어려웠던 건 '사람 관리'였어요. 그래서 조직을 서너 명 단위로 더 세분화해 운영했습니다. 그러면 팀별 성과가 명확해지고, 공과 실을 분명히 구분해 보상과 책임을 적용할 수 있거든요. 승진이나 포상도 자연스럽게 성과 기여자 중심으로 이루어지고요. 제 경우에는 꾸준한 학습과 성과 중심의 세분화 조직 운영 방식이 관리자로 자리 잡는 데 큰 도움이 됐어요.

멘토나 상사를 존경하는 마음과 적당한 거리두기 사이에서, 건강한 관계를 유지하는 작가님만의 비법이 있다면요.

제 비법은 '공손하게 인사하는 것'입니다. 가장 기본적인 이야기이긴 한데, 의외로 많은 사람들이 잘 지키지 않는 부분이죠. 아침에 만났을 때 45도로 깍듯이 인사하는 습관은 '당신을 존중합니다'라는 메시지를 분명하게 전달해요. 그런데 가까워질수록 오히려 고개만 까딱하며 인사를 넘기는 경우가 많아요. 존중받고 싶다면, 먼저 존중을 표현하는 게 가장 확실한 방법이에요.

또, 사소한 지침이나 약속이라도 항상 긍정적으로 반응하려고 해요. 만약 지키기 어려운 상황이 생기면 먼저 이야기하고요. 건강한 관계의 바탕에는 '신뢰'가 있어야 하니까요. 인간관계에는 대단한 기술이 필요하지 않더라고요. 존중을 표현하는 태도와 작은 약속을 소중히 여기는 자세가 중요하다고 생각합니다.

가슴 속에 사직서를 품고 다니는 직장인들이 퇴사 전, 반드시 점검해야 할 3가지는 무엇일까요?

누구나 난관에 봉착하거나 뒤처진다는 느낌이 들 때, 혹은 더 나은 대우를 원할 때 충동적으로 사직서를 내고 싶어 하죠. 저 역시 그랬지만, 돌이켜보면 정작 퇴사의 기준을 제대로 배운 적은 없더라고요. 그래서 최소한 이 세 가지는 꼭 점검해 봐야 한다고 생각합니다.

첫째, 지금의 퇴사가 '도약'인지 '도망'인지 냉정히 물어봐야 합니다. 미수금 문제나 승진 누락 같은 박탈감, 혹은 업무 과중 때문에 떠나는 거라면 그건 '도망'일 확률이 높습니다. 도망치는 퇴사는 지양하고, 스스로 성장하기 위한 '도약'이라는 확신이 들 때까지 인내하는 시간이 필요합니다.

둘째, 이직 시장에서 통할 나만의 '필살기'가 있는지 점검해야 합니다. 새로운 곳에서 남들보다 확실한 경쟁력을 가질 무기, 즉 명분 있는 자격증이나 차별화된 노하우가 없다면 회사를 옮겨도 결국 똑같은 고민을 반복하게 될 테니까요.

셋째, 현실적으로 최소 6개월을 버틸 재정적 여유가 있는지 따져봐야 합니다. 갈 곳을 정해두고 나가는 게 가장 좋지만, 그렇지 않다면 다음 스텝을 준비할 충분한 시간과 돈은 필수예요. 특히 부양할 가족이 있다면 이 부분은 더더욱 신중하게 계산해야 할 현실적인 조건이죠.

리더로서 '조직의 융화'와 '개인의 개성'이 충돌할 때, 이 간극을 어떻게 메우고 계신가요?

예전에 한 60대 임원이 이런 이야기를 한 적이 있습니다. 옷차림이 단정하지 못한 한 여직원에게 경고를 줘야 한다는 거였죠. 제 생각은 조금 달랐어요. 물론 옷차림이 주변의 시선을 불편하게 할 정도라면 개선이 필요하겠죠. 그렇지만 누군가를 평가할 때 가장 먼저 두어야 할 잣대는 회사에 기여하는 '성과'라고 봐요. 사실 요즘은 자신의 개성을 앞세우다 조직의 이익에 반하는 행동을 하는 경우도 드물긴 해요. 그런 경우가 있다면 성향에 맞는 부서로 재배치하는 방법도 있겠지만, 근본적으로는 채용 단계에서부터 판단하는 게 더 현명하다고 생각하고요. 저는 개인의 개성은 존중하되, 그것이 조직의 이익에 반하지 않는 한 문제 삼지 않는 게 맞다고 생각해요. 성과를 중심에 두고 보면, 조직의 융화와 개인의 개성 사이의 간극은 자연스럽게 메워진다고 봅니다.

끊임없이 비교당하는 조직 생활 속에서, 흔들리지 않고 나만의 행복 기준을 지키려면 어떻게 해야 할까요?

조직 생활에서 남들과 비교당하는 건 어쩔 수 없는 숙명이지만, 그렇다고 비교가 반드시 행복을 방해한다고 생각하지는 않아요. 현저히 뒤처진 경우만 아니라면, 조직의 시스템 안에서 노력하면 누구나 기본적인 성과는 낼 수 있으니까요. 그리고 고연봉을 받는 사람이나 엄청난 능력자라고 해서 항상 행복한 건 아니잖아요. 행복은 내가 어떻게 기준을 세우느냐에 달려 있죠. 저는 행복하게 잘 사는 것을 '내가 살고 싶은 대로 살고, 내가 원하는 것을 얻는 것'이라고 정의합니다. 때로는 욕심도 필요하겠지만, 지금 내가 가진 것들만으로도 충분히 행복해질 수 있다는 이야기죠.

퇴근 후 '온전한 나'로 돌아오기 위해 실천하는 리추얼이 있으신가요?

이 질문에 답하기가 어쩐지 조금 쑥스러운데요. 회사 일을 거의 취미처럼 해오다 보니, 어느 순간 '나'와 '일'이 크게 구분되지 않더라고요. 내가 곧 회사이고, 일이 곧 나라는 생각으로 살아온 것 같아요. 아마 많은 CEO가 비슷하지 않을까 싶습니다. 종교도 따로 없고, 취미라고 해봐야 당구나 바둑처럼 소소한 것들입니다. 저한테는 일에 몰입하는 삶이 자연스러워요. 만족도도 높고요. 직장인 김중환이 온전한 저 자신과 크게 다르지 않다고 느낍니다.

사회생활 생존키트

현재 새롭게 준비하고 있는 '미래의 생존 키트'가 있으신가요?

저는 잘 살고 싶습니다. 저에게 '잘 사는 것'의 의미는 '감사함을 실천하는 삶'이에요. 그래서 에티오피아 참전용사 관련 봉사활동을 준비하고 있어요. 목숨 걸고 대한민국의 민주주의를 지켜주신 분들께 진심으로 감사한 마음을 갖고 있어요. 비록 늦었지만, 그 후손들에게라도 감사의 마음을 전하고 싶어요. 지금은 후원만 하고 있지만, 앞으로는 직접 현장에 뛰어들 생각입니다. 이를 위해 재정적으로 차근차근 축적하고 있고요. 혹시 이 책으로 수익이 생긴다면, 그 역시 이런 활동에 보태고 싶습니다.

마지막으로, 책을 덮은 독자들이 책상머리맡에 붙여두고 매일 보았으면 하는 '단 한 문장'을 꼽는다면요.

조병화 시인의 문장인 '결국 나의 천적은 나였던 거다'를 꼽고 싶습니다. 지금의 나는 십수 년 전부터 내가 해왔던 노력의 결과입니다. 그리고 지금 내가 하고 있는 노력이 또 10년 후의 나를 만들겠죠. 그렇다면 결국 누구를 탓할 수 있을까요. 그러니 현재 상태가 마음에 들지 않는다면, 지금부터 바꾸세요. 내 안의 적과 싸워서 이기세요. 그리고 인생은 마치 마라톤과도 같으니, 멀리 보고 어떻게 살고 싶은지 방향을 잘 설정하고 나아가셨으면 좋겠습니다.

작가 홈페이지

사회생활 생존키트

직장 생활의 모든 순간을 통과하는 비법

초판 1쇄 2026년 2월 20일
초판 2쇄 2026년 3월 18일

지은이 김중환
펴낸이 마형민
기획 페스트북 편집부
편집 곽하늘 강채영 유혜수 김예은
디자인 김안석 표진아
펴낸곳 주식회사 페스트북
주소 경기도 안양시 동안구 관악대로 488
홈페이지 festbook.co.kr

© 김중환 2026

ISBN 979-11-6929-991-6 03320
값 18,000원